艦NEXTシリーズを極める
日本海軍戦艦
武蔵
パーフェクト製作ガイド
Imperial Japanese Navy
Battle Ship Musashi
Perfect building guide book

第1部

艦NEXTシリーズのキットを作る前に

艦船模型にあらたな風を吹き込んだ
フジミ艦NEXTシリーズの武蔵を総点検 ……………12
日本海軍超弩級戦艦 武蔵全パーツリスト ……………16
古今東西、戦艦武蔵のパッケージセレクション ……………18
フジミ製の1/700武蔵を徹底比較 ……………20
まだまだ増える艦NEXTシリーズラインナップ2017 ……………22
艦船模型用ツールガイド ……………24
艦NEXTシリーズと塗装の話 ……………28

第2部

太平洋戦争における大和型戦艦

大和型戦艦、斯く戦えり 《前編》 ……………30
戦艦の砲撃戦を陰で支える「空の上の力持ち」零観 ……………34
大和型戦艦、斯く戦えり 《後編》 ……………36

第3部

艦NEXTシリーズ002
「日本海軍超弩級戦艦武蔵」を作る

船体部基本製作編 ……………44
専用エッチングパーツ編 ……………50
艦船塗装編 ……………78
張り線工作編 ……………86

フジミの新しい挑戦
艦NEXTシリーズとは何か？

フジミから新しい艦船模型フォーマットとして「艦NEXT（ちなみに"かんネクスト"ではなく"ふねネクスト"と読む）シリーズ」第1弾の「日本海軍超弩級戦艦 大和」が発売されたのは2015年。この2015年は、長らくその沈没地点が不明とされていた武蔵が海底探査によって発見され、その詳細な映像がネット中継されるなど大和型戦艦にとってエポックメイキングな年であった。

フジミではこの時すでに「特シリーズ」とよばれるラインナップが存在し、固定ファンを獲得していた。このシリーズは2004年の「超弩級戦艦 大和 最終型」からスタートしたが、何と言っても話題となったのは2008年の戦艦金剛の発売だった。これまでの1/700スケールの艦船模型では省略されていて当然だった細部を精密なモールドで再現した本キットは艦船模型の解像度を一気にあげたといっていいだろう。この「特シリーズ」、最盛期には年10作以上のペースでリリースがなされ、2016年には100タイトルを超えて太平洋戦争に参加した日本海軍の主要艦艇を網羅するに至ったが、「艦船模型は精密なもの、難しいもの」として初心者に対するハードルを上げることにも繋がったといえる。

これに対するフジミの回答が「艦NEXTシリーズ」の投入である。本シリーズは「塗装不要の」「接着剤不要のスナップフィット」キットであり、艦船模型初心者でも簡単に組み立てられることを第一としている。これまで艦船模型といえばグレーで成型されたパーツのみで、ガンプラなどのキャラクターモデルから入ったユーザーには地味な印象を与えていたが、この「艦NEXTシリーズ」では箱を開けたらもうカラフル。それでいて従来の「特シリーズ」で目の肥えたベテランモデラーをも満足させる精密なディテールも併せ持っている。つまり、初心者からベテランまで広いレンジを持つ、あらたなフォーマットというわけだ。

この「艦NEXT」というシリーズを分析すると、精密さを売りとする「特シリーズ」以外にもうひとつ、艦船をディフォルメした同社の「ちび丸艦隊シリーズ」の技術が活かされていることに気づかされる。「ちび丸艦隊シリーズ」は接着剤不要のスナップフィットキットであり、多色成型で再現しきれない部分は曲面にフィットする特殊な素材のシールが取り入れられている。

この多色成型と特殊シールを既存の「特シリーズ」に導入したのが「特EASYシリーズ」で、同じ金型ながら、軍艦色を単なるグレーに留めるのではなく海軍工廠ごとの違いを再現するなどの要素を盛り込み、また色の違う部分を再現するために成型色を変えた同じランナーをセット、パーツ分割上、それでは解決できない部分は「ちび丸艦隊シリーズ」で培ったシールで対応するというものだった。

そして、この一方で、「特シリーズ」の精密さと、「ちび丸艦隊シリーズ」で培われたスナップフィット方式という、ふたつの技術的蓄積をベースに1/700精密艦船模型を進化させたものが「艦NEXTシリーズ」なのだ。

「艦NEXTシリーズ」は接着剤不要、ピンをダボ穴に差し込んでパーツを固定する設計となっている。そのため年次替えや同型艦などのバリエーション展開が難しいのだが、この制約を逆手にとり、「人気はあるがバリエーション展開が難しい艦」を狙って開発されているようだ。たとえばシリーズ第4弾の航空母艦赤城や第6弾の戦艦比叡、1/350の駆逐艦島風がそれだ。これらのチョイスはこれまでの艦船模型にはない発想のラインナップで、大変ユニークだ。

今後のフジミの艦船模型は従来の「特シリーズ」と新しい「艦NEXTシリーズ」の両輪で進化していくに違いないだろう。

ちび丸艦隊シリーズ

ちび丸2 ちび丸艦隊 武蔵
（2012年発売／税別1800円）

ちび丸10 ちび丸艦隊 加賀
（2015年発売／税別1800円）

2012年に戦艦大和からスタートした「ちび丸艦隊シリーズ」もすでに25作が発売されている。主要な戦艦、空母はもちろんだが巡洋艦や駆逐艦なども続々と発売が続き、特シリーズとはまた別のライトな艦船模型ユーザーを育てつつある。ディフォルメはしているものの個艦の違いなどにも着目し再現しているところがフジミらしいところだ。なお初心者向けのキットながらフジミからは「ちび丸艦隊シリーズ」用のエッチングパーツも発売されている。

特EASYシリーズ

**特EASYシリーズ 1/700 特ES10
日本海軍航空母艦 瑞鶴**
（2015年発売／税別3200円）

「特シリーズ」は精密さに定評のある艦船模型で、組み立てには接着剤も使用するし、塗装することが前提となっている。この塗装の部分を簡潔にするため、同じ「特シリーズ」の金型を使用しながら成型色を変え、それだけでは対応しきれない部分に特殊な素材のシールを貼ることで新しいユーザーの獲得を目指したのが「特EAZYシリーズ」だ。それもまた「ちび丸艦隊シリーズ」で培われた技術のなせる技といえ、時間軸としては「艦NEXTシリーズ」と並行して派生したものといえる

●キットにはパーツに密着するように伸縮する素材で作られたシールが付属している

第1部

艦NEXTシリーズの
キットを作る前に

艦船模型にあらたな風を吹き込んだ
フジミ艦NEXTシリーズの武蔵を総点検 ……………12
日本海軍超弩級戦艦 武蔵全パーツリスト ……………16
古今東西、戦艦武蔵のパッケージセレクション ………18
フジミ製の1/700武蔵を徹底比較 ………………………20
まだまだ増える艦NEXTシリーズラインナップ2017 …22
艦船模型用ツールガイド …………………………………24
艦NEXTシリーズと塗装の話 ……………………………28

日本海軍戦艦 武蔵

1944年10月 捷一号作戦時

シブヤン海に沈んだ日本海軍最強にして最後の戦艦を作る

フジミより発売されている艦NEXTシリーズの日本海軍超弩級戦艦武蔵は、多色成型パーツを接着剤不要で組み合わせて製作する新感覚のインジェクションプラスチックキット。同社の特シリーズ譲りの精密さと、ちび丸艦隊シリーズなどで培われてきたスナップフィット技術の集大成ともいえるが、これに純正エッチングパーツを盛り込むことで、およそ1/700スケールとは思えない完成品を得ることができる。さぁ、あなたもぜひ、本書を片手にその建造に取りかかっていただきたい！

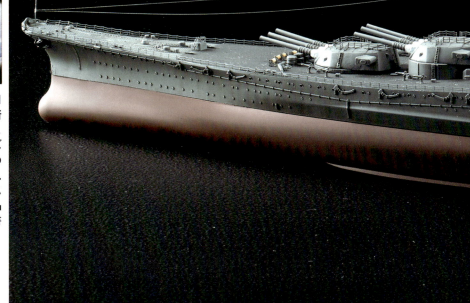

艦NEXTシリーズは塗装＋純正エッチングパーツでここまでできる！

Imperial Japanese Navy battleship
Musashi

今回の作例は、エッチングパーツに置き換えなければならない部分以外は基本的にキットのプラパーツはそのままとしている。つまり、艦NEXTシリーズの日本海軍戦艦武蔵は、純正エッチングパーツと主要な張り線を追加しただけで、ご覧のような精密な完成品を手にすることができるキット内容ということだ。

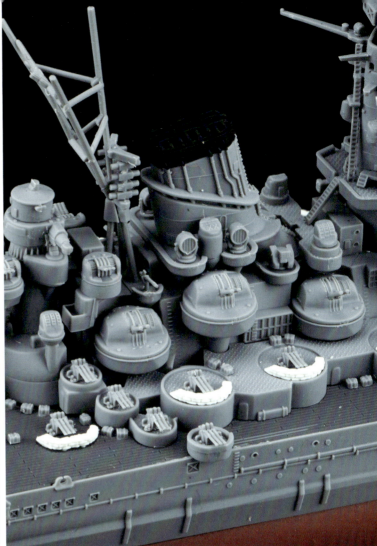

日本海軍戦艦 武蔵
1944年10月 捷一号作戦時

本見開きページの写真は左が純正エッチングパーツと張り線を追加して塗装仕上げした作例、右がキットを塗装せずそのまま組んだもの。何ら手を加えない状態でもこれだけの再現度とクオリティを見せることに驚くが、それは少しのディテールアップで格段に見栄えが変わる素質を秘めているということでもある。

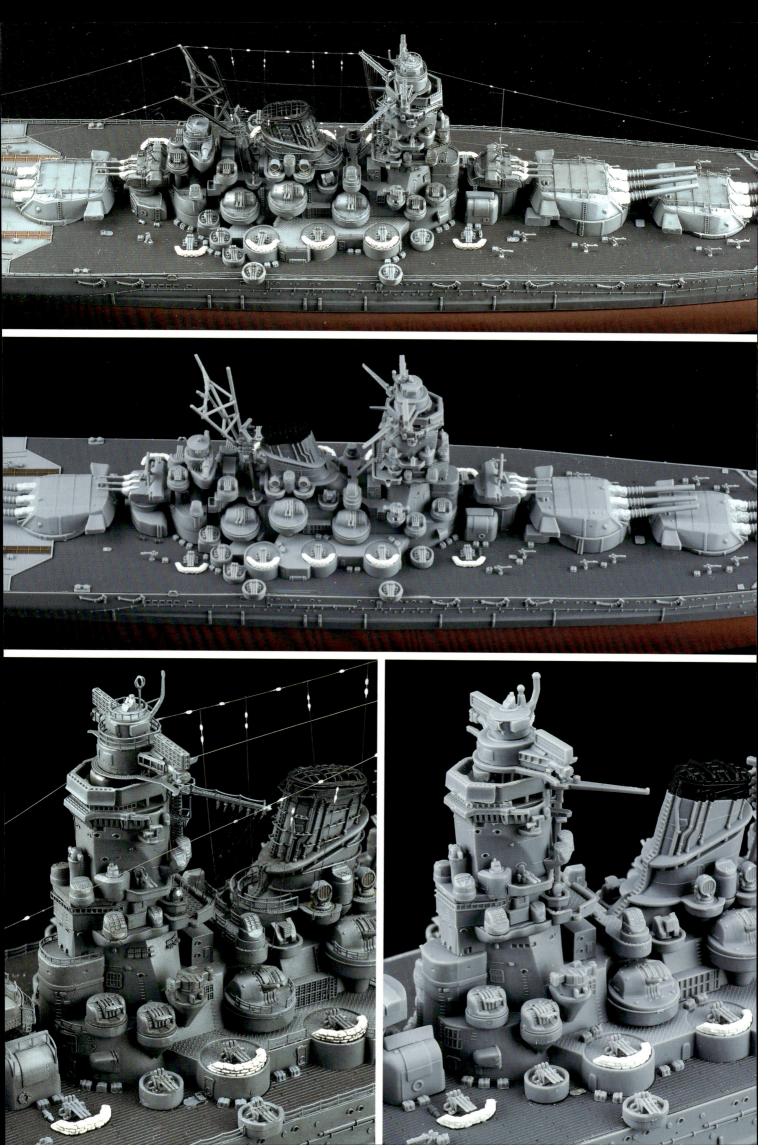

9ページでも述べたように作例は基本的にキットのプラパーツのままで、削り込むなどの作業はしていない。姉妹艦である大和との違いも最新の考証を反映した新規パーツにより再現されており、そのまま組立てても充分に武蔵の姿を堪能できる。本書によりエッチングパーツの組立てかたや塗装工程を参考にしていただければ、より精密な完成品を手にしていただけることだろう。

詳しい製作工程は43ページから

艦船模型にあらたな風を吹き込んだフジミ艦NEXTシリーズの武蔵を総点検

接着剤不要、塗装不要というあらたな挑戦

このページではフジミの艦NEXTシリーズの武蔵のキットの内容について紹介しよう。大和をベースにしつつも2015年の海底探査の結果なども織り込まれた現在のところもっとも新しい武蔵のインジェクションプラスチックキットなのだ

開口された主砲砲身
主砲砲身の砲口は開口されている。砲身基部の防水布部分は白く塗装すれば引き立つ。組み立て説明書では塗料を持っていない人向けに事務用修正液で塗装する方法も紹介されている

驚きのパーツ分割の艦橋
通常艦橋は左右分割にするケースが多いがこのキットは未塗装で完成させることが前提。艦橋正面に分割ラインが見えては興ざめだ。そのため艦橋はスライド金型を使いなるべく一体で成型し、どうしても分割せざる得ない部分は水平にスライスした状態でパーツ化している。

モールド豊かな主砲塔
主砲塔の測距儀は左右オフセットされた状態となっている。砲塔側面のラッタルや背面の扉までモールドされているのだ

左右分割の船体上部
船体上部は左右分割となっている。内部に桁状の大型パーツを組み込むことにより接着することなしにガッチリと組み上げることができる

マスキング不要の煙突の分割
煙突は左右分割だが、中央部に見えるラッタルの部分で非対称にパーツ化しているので分割線は目立たない。煙突頂部の黒い部分は別パーツで雨除け格子の部分は格子状に抜けている

新考証を取り入れた艦尾部分
最新のキットらしく艦尾形状は最近の考証を反映したものとなっている。大和と武蔵では艦尾のジブクレーンの上に立つ支柱の形状が異なることがわかっているが今回の武蔵でもその相違点はしっかり反映されているのだ。また艦載機は緑で成型されておりキャノピーや日の丸などはシールで再現される

木甲板色で成型された上甲板
木甲板は第1主砲前部の浪切板の部分と後部の航空機作業甲板部分で分割されている。甲板上のリールや機銃台座などは別パーツとなっているので塗装派もマスキングする必要がない。木甲板のモールドもフローリング状のものが彫刻されている。なおレイテ沖海戦時の武蔵は上甲板が黒く塗られていたと伝えられており、キットでもそれを反映し暗めのグレーで成型されているのだ

メリハリの効いた舷側モールド
左右分割方式の恩恵で舷側のモールドはシャープ。ボートダビットや舷外電路もくっきりと彫刻されている。舷窓は驚くべきことに蓋をしている状態が再現されている

上級者にも配慮されたマスト
マストは複雑な形状のものを一体で成型している。ただし細かな桁までスナップフィットで設計するのは無理でここはボーナスパーツとなっている。接着剤を持っている人ならばボーナスパーツの桁を切り出して接着すればよい

やや製作に注意を要する機銃
多数増設された機銃だが組み立てには少し注意する必要がある。ダボがきついためピンセットでつまんで押しこまねばならないが小さいため弾いてしまうケースも多い。接着剤を持っている場合はデザインナイフなどで軽く穴を広げて接着してしまったほうが工作上では楽だ。ただ接着していなければ完成後も対空火器をグリグリと動かして遊ぶことも可能なので悩ましいところだ

フジミの艦船模型といえば2008年に発売された1/700金剛以降、特シリーズのラインナップを順調に増やしてきていた。わずか8年強で100点近いアイテムが開発され主要な大型艦はすべて特シリーズで揃うようになってきた。その間に同社の精密化は劇的に進んだ。これは一部のモデラーからは熱狂的に受け入れられた反面、「艦船模型は難しい」と感じるビギナーも増えてきている。

そんな中、2014年に突如発表されたのが艦NEXTシリーズ。多色成型で甲板の色分けを再現、そしてスナップフィットで接着剤も不要というコンセプトの新シリーズだ。これまでの1/700が塗装と接着剤での組み立てを大前提としたものだったのを一気に根底から覆そうという意欲的な試みである。かといって、初心者向けに「ほどほどの再現度の廉価版的なものを」、ということではない。それまでに培った特シリーズの精密モールドはそのまま、というよりむしろパワーアップしたうえで、塗り分け塗装や接着剤を使った難しい工作をなくし、手軽に完成状態で飾ってもらおうというものだ。ここで取り上げた武蔵はその艦NEXTシリーズ第2弾。最初に登場した大和との違いを表現するため新規パーツを多数盛り込んだ内容なのだ

接着剤不要なので完成後もフルハル洋上模型状態を選択可能か？

◀キットは接着剤不要のスナップフィットとなっているため、完成後も船底部を取り外してウォーターラインモデル（洋上模型）として鑑賞することもできそうだ。ただし船底部分は船体全体を支えるフレーム構造の役割も持っている。そのためウォーターラインモデルとして製作する場合は喫水線より上の船体をがっちり接着するなどの補強が必要となる。艦NEXTシリーズはあくまでフルハルモデルで製作することが前提となっているのだ

艦NEXTシリーズのどこが新しくて、どこがすごいのか？

接着剤不要ながら精密化には妥協せず

◀主砲砲身は開口されている。砲塔背面のハッチのモールドもシャープ。砲塔側面に突き出た測距儀は左右で微妙にオフセットした構造となっている

▶煙突の蒸気捨管やジャッキステーはメリハリの効いたモールドで精密感がある。スミ入れをすればさらに引き立ちそうだ

▼船体上部のパーツは左右分割となっている。バスタブ式の構成ではどうしても側面のモールドが甘くなりがちだが、フジミのキットはご覧のとおり。ボートダビットや舷外電路、汚水捨管、フェアリーダーなどシャープに彫り込まれている。内部は大型の桁を組み込む構造でたわみにくいように見えないところでも工夫されている

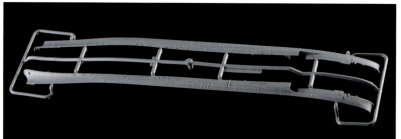

▲艦橋基部や副砲塔基部を含む上部構造物はスライド金型を贅沢に使用してシャープさと組み立てやすさを両立している

▼甲板は武蔵用に新規開発されたもの。単なる色替えではない。武蔵と大和では機銃の配置などが異なるためダボ穴も異なるのだ

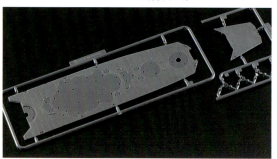

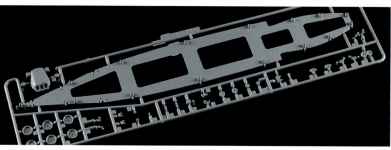

▲左右分割の船体をがっちりホールドするための桁は一体成型のもの。このパーツと船底パーツにより接着剤不要でも船体の強度は充分に確保されるのだ。左端の砲塔は武蔵でも使用する。大和では1番砲塔として使われるもの。最終時の大和は2番砲塔と3番砲塔には増設機銃が搭載されており、キットでもそのためのダボ穴が開口されているが、武蔵では砲塔の機銃は搭載されていない

作例はほぼキットをストレート組みしたもの。塗装は砲身基部の防水布を白く塗った以外にはつや消しクリアー（缶スプレー）を塗ったのみ。これまでの「艦船模型はグレー」という固定概念を覆すものだということがわかるだろう

メーカー純正のアフターパーツも充実しています

フジミのキットを購入して安心なのはメーカー純正のエッチングパーツなどのアフターパーツが用意されること。サードパーティからの発売の場合、一部の国産メーカーを除いて供給が不安定で「作ろうと思ったら売り切れていて手に入らない」ということがたびたび起こります。フジミの場合でもこれだけキットのタイトルが増えてくると手に入りにくいケースも出てきますが、定期的に再販はされており、万が一品切れでも少し待てば購入することができます。

ただしこのエッチングパーツは基本的に艦船模型の上級者向けのアイテム。使い方を解説した説明書もエッチングパーツを貼る場所を示してはいますが具体的な使い方は不明な部分も多く戸惑う初心者も多いようです。艦NEXTシリーズの場合はキットのままでも精密感が楽しめるようにパーツに細かなディテールがモールドされていますが、さらに精密なエッチングパーツに置き換えるためにキットのモールドを削り落としたりする必要もあります。本書ではこのエッチングパーツの使い方も詳しく解説します。

▼「1/700 Gup111 艦NEXT 日本海軍戦艦 武蔵 専用エッチングパーツ」（税別1800円）。手摺り、ラッタル、電探、通信マスト、クレーンなどの定番から、煙突のファンネルキャップの格子部分やリール、水密扉、通気口などのディテールをエッチングシート2枚で再現したもの。

▲こちらは武蔵専用ランナーのひとつ。機銃が増設されていないタイプの主砲塔と25㎜単装機銃がセットされたもの。25㎜単装機銃は上級者向けのボーナスパーツ（接着剤使用）という位置づけ

▼オマケのプラスチック製のピンセットも付属している。艦NEXTシリーズは小さなパーツも多いためピンセットは必須工具なのだ

▲こちらも上級者向けのボーナスパーツのランナー。25㎜機銃の弾薬箱で使用例が紹介されている。これらを使用

巧みなパーツ分割で艦橋正面に合せ目が出ない！

特シリーズ　**艦NEXT Z1パーツ**

通常のキットでは左のように艦橋正面に分割線がくる。これでも接着剤を使いヤスリがけをし、塗装すれば問題ないのだが艦NEXTは塗装不要のためこれでは困る。そこで上の写真のようにパーツを水平方向に分割しそれを積み上げていく方式を採用した。同じような工夫は煙突にもある。単純に中央で左右分割するのではなく煙突中央のラッタル部分でずらして分割しているのだ

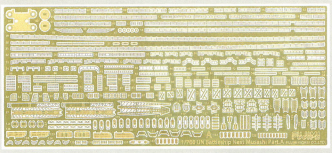

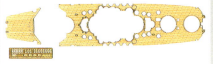

◀これは艦NEXTシリーズ第1弾の大和用の木甲板シート。対空火器の配置などが武蔵とは異なるため流用はできない。2017年1月の時点では武蔵用の木甲板シートは発売されていない

艦NEXT002
日本海軍超弩級戦艦 武蔵全パーツリスト

このページでは艦NEXT002の戦艦武蔵の全パーツを紹介しよう。実艦が大和型戦艦2番艦であるように先行する艦NEXT001の戦艦大和のランナーを流用しているが、新規開発のパーツも意外に多い。これは接着剤不要のためキットにダボ穴が空いており基本形状は同じでも使いまわしができないためである

船底

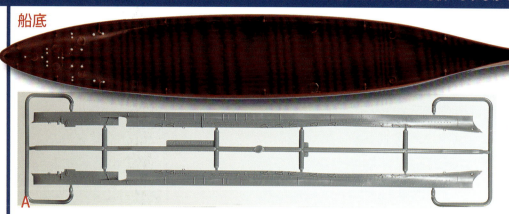

◀船底パーツにはナンバーはない。船底パーツとAランナーは大和と共通パーツだ
▼Fランナーは煙突のファンネルキャップ
▼Gランナーは25㎜機銃の弾薬箱。これは上級者向け用のボーナスパーツで接着剤を必要とする。これも大和と共通パーツだ

◀Bランナーの上甲板は新開発の武蔵専用パーツ。単なる色替えではない。上甲板のダボ穴の位置が異なるのだ
▼Cランナーは船体の内部の桁や砲塔上面、高角砲の台座など。不要パーツ（X）は艦橋周囲のもの
▼Dランナーは色違いのものが2枚。黄土色のほうはスクリュー用でダークグレーは甲板用だ

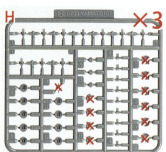

▶46㎝三連装砲塔がメインのJランナー（3枚）は不要パーツが多い。使用するのは砲塔底部と46㎝砲の砲身、12.7㎝連装高角砲のシールドなど。砲塔上面は天一号作戦時の大和（砲塔上面に25㎜三連装機銃を増設している）用で武蔵には使用できないからだ

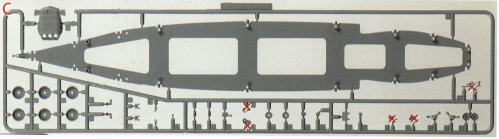

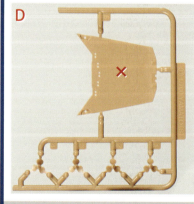
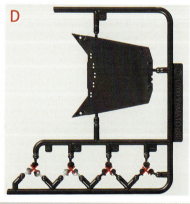

◀Eランナーは船底のスクリューシャフトやブラケット、舵などをおさめたもの。Kランナーは15.5㎝三連装副砲やカタパルト、アンカー、9mカッター、25㎜機銃の台座などがセットされている。2枚入り

艦NEXT001大和と艦NEXT002武蔵、どこが変わった？

艦NEXTの武蔵は実艦が大和と同型艦ということで単なる「色違いのバリエーションキット」と勘違いされている方もいるだろう。しかしこれは違う。武蔵ではかなりの数のパーツが新規金型とされているのだ。これは艦NEXTが接着剤不要キットだからという部分も多い。パーツを固定するダボ穴の数（おもに増設機銃）が大和と武蔵では異なるため同じようなパーツでも新パーツとなっているのだ

ランナーの数は増えた分、箱の高さも増す！

◀ランナーの数が増えた分、キットの箱の高さも増した。大和は6㎝に対して武蔵は8㎝。その差は2㎝だ

▶高さが増えて嬉しいのは、完成後の作品がそのまま収納できること。大和では船底パーツを取り外さねば箱に収納できなかった

完成後の武蔵がすっぽり収まるサイズ！

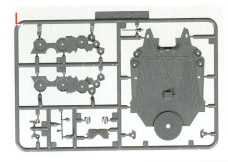
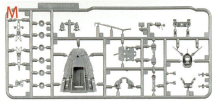
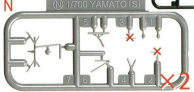

▲Nランナーは大和との共用ランナー。上級者向けのボーナスパーツでいずれも接着剤を使用するもの。メインマストのステーや副砲塔上の支柱などがセットされている

◀Lランナーは武蔵専用のランナー。上部構造物の脇に増設された25㎜三連装機銃の台座や航空機作業甲板などが目立つ。
▲Mランナーも武蔵専用。2015年の海底探査で判明した考証が盛り込まれたパーツが多い

艦載機セットされたPランナー。プロペラまでモールドされている

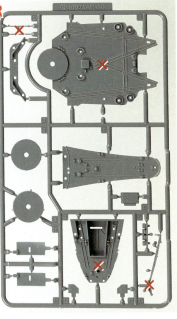
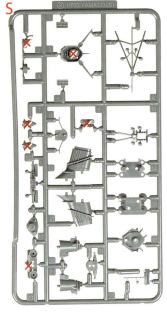

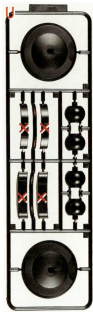

▲QランナーはUランナーとセットで使う台座。
▶Rランナーは大和との共用パーツ。後部の航空機作業甲板や艦尾甲板パーツは不要パーツ。これらのパーツの基本形状は大和、武蔵と変わらないが増設のダボ穴の有無などが異なるのだ
▼Vランナーは上部構造物の土台部分。V1は使用せずZ2となる

◀Sランナーは大和共用のもの煙突や後部艦橋などは流用するが防空指揮所などはMランナーのパーツに置き換わる
▶台座のUランナーは特シリーズのフルハルモデルと同じもの。船体を受けるパーツはQランナーのものを使う

◀白く成型されたYランナー。これは増設された25㎜三連装機銃の周囲に配置された土嚢を再現するパーツだ
▶プラスチック製のピンセット。小さなパーツが多いキットにはピンセットは欠かせないのだ

▲武蔵専用のZパーツ。真上からではわかりにくいが詳しくは15ページを御覧いただきたい。基本形状は艦NEXT大和と変わらないがブルワークなどのダボ穴の位置が異なる
◀砲塔と25㎜単装機銃のXランナー。砲塔は天蓋に増設機銃がないタイプのもの。25㎜単装機銃は接着剤使用を前提とするボーナスパーツ。これを使うためにはパーツの裏側からピンバイスで穴を空ける必要がある

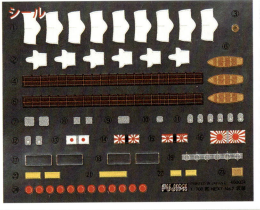

◀基本的に艦NEXTシリーズのキットはパーツの色の異なる部分は成型色を変えることで表現しているがパーツなどでそれが難しい部分が存在する。その場合には添付のシールを使うことで色の違う部分を再現している

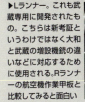

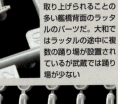
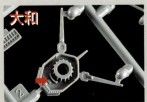
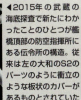

◀Mランナーの一部。ここは2015年の海底探査であらたにわかった新考証が盛り込まれたパーツが配置されている。後部艦橋の張り出しや測距儀の上の信号灯の支柱の形状などがあらたにわかった

◀L10。昔から大和と武蔵の相違点として取り上げられることの多い艦橋背面のラッタルのパーツだ。大和ではラッタルの途中に複数の踊り場が設置されているが武蔵では踊り場が少ない

▶M18とM19。艦尾のジブクレーンに設置されていた空中線用支柱のパーツ。空中線支柱の中央部を支える桁の構成は大和と武蔵で異なるものと考えられているが艦NEXT武蔵ではこれを再現している

◀Lランナー。これも武蔵専用に開発されたもの。こちらは新考証というわけではなく大和と武蔵の増設機銃の違いなどに対応するために使用するランナーの航空機作業甲板とRランナーの航空機作業甲板と比較してみると面白い

◀2015年の武蔵の海底探査で新たにわかったことのひとつが艦橋頂部の防空指揮所にある伝令所の構造。従来は左の大和のS2のパーツのように衝立のような板状のカバーがあるものとされていた

大和

◀2015年の海底探査では横倒しになった艦橋頂部がはっきりと確認された。その結果右の写真のように武蔵の防空指揮所に設置された伝令所は台形状の構造物だったことがわかった。

武蔵

古今東西

戦艦武蔵のパッケージセレクション

構成・文／岸川靖

大和型2番艦として竣工した戦艦「武蔵」。1番艦の大和と似ているものの、年代によって艤装など、多くの部分が異なっています。しかし昔のキットはそうした違いは無視し、単なる「大和」の箱替え商品として発売されてました。ここでは過去から現在までの主な「武蔵」のキットをご紹介します。

大和型に限らず、洋の東西を問わず、多くの艦には同型艦が多数存在します。同型艦は建造や維持（修理、補給等）のコストが軽減できるというメリットがあるからです。もちろん、欠陥が発見されたときは、全部の同型艦を改修しなければならないというデメリットも存在しますが。

しかし、昔から模型業界にとって同型艦キットは、異なる箱を作るだけで、新製品が発売できるという大メリットがありました。金型を彫るのは多額の資金を必要としますが、箱や組み立て説明書などの印刷物だけを製作すれば製品化できて金型製作代が浮くわけですから、発売しない理由はありません。ですから、「大和」を発売したメーカーは、100％に近い確率で「武蔵」のキットを発売しているのです。

また、大和型3番艦として建造されていたものの、途中から航空母艦に改装された空母「信濃」でさえも、「大和」にパーツを追加して発売しているメーカーもありました。もっとも、昭和40年代後半に「信濃」の船体はバルジの大きさなど、大和、武蔵と異なる部分があるというのが認知されたため、最近では大和型船体を流用し、飛行甲板や艦橋パーツの金型だけを作って、「信濃です」というメーカーはありません。

現在では多くの資料も発掘され、さまざまな考証が存在しています。そうした資料を基に、年代を特定した艤装にしてもよいかもしれません。そうした艤装や改修の差違を再現しているフジミの1/700スケールキットもあり、納得の1隻を組み立てるのがオススメです。

今回は昔から発売されている「武蔵」のキットを、数人の方のご協力により集めてみました。1/2000スケールのバンダイのネービーシリーズや1/3000スケールのフジミの「集める軍艦シリーズ」（先ごろ、フジミからこの1/3000を完全新金型で発売するという発表がなされた）などの小スケールキットはありませんが、ここに集めた大半のキットは「大和」とパーツは共通で、箱絵も「大和」といわれても納得してしまいそうなものばかりです。ただし、近年のキットはそのあたり差違をきっちりと押さえてあり、「大和」と「武蔵」の作り分けがきっちりとできるようになっているものが多いのでご安心ください。

▲▶「戦艦・武蔵」1/600 日本ホビー。ボックス天面には商品ロゴなどが入っていない。そのため、絵を切り抜いて飾ることができ、額縁シリーズといわれた。下蓋には箱を利用した額縁の作り方が印刷されていた。同シリーズはほかに「戦艦・大和」、「原子力空母エンタープライズ」が発売されていた。箱絵はいずれも小松崎茂画伯

▼「戦艦 武蔵」1/1300 緑商会 プラステック（プラスチックではない）モデルキット。戦艦シリーズNo.2として発売された。この2種は発売時期が異なるため箱の大きさと箱絵が異なるが、中身は同一商品。ちなみにNo.1は当然「戦艦 大和」であった

▲「旧日本海軍航空戦艦 武蔵」と「戦艦 武蔵」スケール不明 三和模型。この2種は、箱絵は同じだが、上はモーターライズ、下はゴム動力のキットだった。三和は1964年春に消滅しており、それ以前のプラモ創生期のキットだといえるだろう

◀▲「旧日本海軍戦艦 武蔵」共にNBK製。上が1/580、左が1/1000。ともにモーターライズ。発売時期は1/1000のほうが早かったようだ

▼「戦艦 武蔵」1/700 マルサン商店「日本海軍連合艦隊シリーズ」。発煙機能が付いたモーターライズキット。同型艦の「大和」の箱絵は給油中という渋い題材だった

▲「戦艦武蔵」スケール不明。静岡教材（通称シズキョー）製。上ふたつは同じキットだが、上から2番目のキットはシルバーメッキが施されている。いちばん下はモーターライズ

▶「戦艦 武蔵」1/2400 JNMC（にしきや）「JNMCポケット戦艦シリーズNo.13」。このキットはシルバーメッキが施されていた。同シリーズは統一スケールの洋上模型で、1/700WL登場までは、統一スケールで最多アイテム数を誇った。ただし潜水艦などのキットはプラとソリッドのハイブリットキットだった

◀「戦艦 武蔵」1/450 ハセガワ モーターライズキット。TKKマブチ35モーターと単2電池2本で走行。ハセガワの1/450シリーズは現在でも新金型のキットがリリースされており、ブレないメーカーだ

▶「戦艦 武蔵」1/550 フジミ モーターライズキット。この初版発売時の価格は890円。再々版時（右ページ、左上）の価格は1500円。890円という価格設定は非常に興味深い

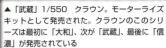

▲「戦艦 武蔵」1/550 フジミ。モーターライズキット。再版時はなぜか初版の箱絵が左右反転されている。またフジミの社名ロゴの地が赤になっている。中身は初版と同じ

▼「日本海軍戦艦 武蔵」1/350 オオタキ。ラジコン搭載可能とうたわれた大型キット。箱絵は高荷義之画伯による。背景に大和が描かれている

▲「武蔵」1/550 クラウン。モーターライズキットとして発売されていた。クラウンのこのシリーズは最初に「大和」、次が「武蔵」、最後に「信濃」が発売されている

▶「戦艦 武蔵」1/550 フジミ。再販時のパッケージ。こうした斜め上からの俯瞰構図はめずらしい。このときの価格は800円だった。フジミは価格を上げるときは箱を変える場合が多い

▲「日本戦艦 武蔵」1/700 タミヤ。'90年代に最新の考証に基づいてリニューアルされたWLシリーズのもの。タミヤらしい繊細で上品なモールドがすばらしい

◀▲「旧日本海軍戦艦武蔵」1/350 タミヤ。現在入手できる武蔵のキットでは最大のもの。最後となるレイテ沖海戦の艤装でモデル化されている。近年、その艤装についての新資料が発見されているが、それらの情報をもとに手を入れるならこのキットがベスト。タミヤからは同スケールの 船員セット（144体入り）も発売中で、情景モデルのような作り方も楽しめる。同社から発売中の「旧日本海軍戦艦大和」と並べて、両艦の違いを眺めることも可能だ。税込7020円

フジミが放つ多彩なバリエーションキット

フジミからはさまざまな武蔵のキットが発売されている。まず、1/700では武蔵の年代による艤装の差を再現したキットが発売されている。艦橋脇に副砲があった時代の「超弩級戦艦 武蔵 就役時」（写真1）／税込2160円）、そして対空兵装が大幅に強化された「超弩級戦艦 武蔵 レイテ沖海戦時」（写真2）／税込2160円）がある。艦底パーツを追加した「日本海軍戦艦 武蔵 フルハルモデル」（写真3）／税込4860円）も発売された。それらのキットには多くの純正ディテールアップパーツが用意され、なかにはキットに同梱されて販売されたものもあった。写真4はそういったキットのひとつ、「日本海軍戦艦武蔵レイテ沖 波ベース付」だ（税込4104円）。さらに初心者向きの「特EASY No.06 日本海軍戦艦 武蔵」（写真5）／税込2808円）は、成形色を横須賀海軍工廠の灰色で成形し、その他の色分け部分を特別シールを用意して"未塗装で気軽に組めるキット"になっている。

また、デフォルメされた「チビ丸艦隊 武蔵」（写真6）／税込1944円）も発売中。作る人の技量や目的に合わせてさまざまなキットを選べるのがうれしい。ただし、店頭在庫の少ないものもあるので注意。

2013年9月に模型部門の活動休止となったニチモ（日本模型）は、日本初の「戦艦大和」のプラモデルを発売したメーカーだった。設計部門に名人と言われた故・森恒英を抱え、とくにすばらしい艦船キットが多かったメーカーとして知られている。

艦船模型のなかでは1/200完全スケールシリーズは考証が行き届いており、海上自衛隊艦艇シリーズや伊号潜水艦、Uボート、そして1mを越える「戦艦大和」など名作が多く、定評があった。

また、同社の大和型戦艦のラインナップとしては、1970年代半ば以降、1/700（写真A）、1/600（写真B）、/500（写真C）、1/400（写真D）、1/300（写真E）、1/200（大和のみ）が揃っていたことでも有名。なかでも1/700は発売が1979年であったため、1990年代末にタミヤが1/700WLシリーズの「大和」「武蔵」をリニューアルするまではマニアの絶大な支持を受けていた。

これらのキットは現在では生産休止となってしまっているが、ぜひ、再生産を行なってほしいものだ。なお、同社「大和型」シリーズは、その最初期を除いてすべて高荷義之画伯によるもので、ひとつとして同じ構図はないすばらしいものである。

かつて「大和型」といえばニチモの独壇場だった！

岸川 靖●きしかわおさむ／編集者・ライター。「最近、老眼が進んでいるのを自覚しているのですが、それでも1/700の艦船用エッチングパーツは買ってしまいます。これが業の深さというものなのでしょうか？」《資料協力：高島秀太郎、田中晋治、D-FORCE》

艦橋基部、煙突付近に配置された対空火器群は大和型戦艦の見どころのひとつだ。新造時はこの部分には15.5cm三連装副砲が配置されていたが大戦後期に入り、敵制空権下で行動する機会も増えたため副砲塔を下ろし空いたスペースに台座を設けて対空火力を増強したのだ。ちなみに大和は12.7cm連装高角砲は新造時の6基から12基へと倍増している。武蔵も同様の改装が実施される予定だったが高角砲の生産に合わず代わりに25mm三連装機銃を搭載していた。ここでは特シリーズのEと未塗装の艦NEXT（AとD）を比較してみると甲板の色や煙突頂部などの色違いのパーツが目を惹く。通常の模型（ここでは特シリーズのE）はグレー一色のため塗装しなければ味気ないが、艦NEXTは塗装しなくても実艦に近い雰囲気を味わうことができるのだ。

塗装しているBとCを比較してみるとやはりナノドレッドの25mm三連装機銃の精密さが効果を発揮している。艦NEXTシリーズでは接着剤不要のコンセプトのためあまりに細いパーツはダボ穴に押し込む際に折れてしまう心配がある。そのため強度的に機銃銃身などは一定以上に細くはできない。ただそのような制約のある艦NEXTシリーズでも従来のキット以上の精密さは実現しているのだ

フジミ製の1/700武蔵を徹底比較

そのポテンシャルを確認しよう

艦NEXTシリーズは最新考証を盛り込んだ優れたキットだが塗装したりディテールアップパーツの追加によりさらに進化する。ここではそれがどのように見えるかご紹介しよう

A 艦NEXTシリーズ002 武蔵（ストレート組み、部分塗装）
B 艦NEXTシリーズ002 武蔵（エッチングパーツ使用、塗装済み）
C 艦NEXTシリーズ002 武蔵（他社アフターパーツ使用、塗装済み）
D 艦NEXTシリーズ001 大和（ストレート組み）
E 特シリーズ 大和 終焉型（ストレート組み）

艦NEXTシリーズは塗装不要のキットだが、もちろん塗装することは可能だ。色の異なるパーツごとにわかれているのでマスキングする必要もなく塗装派のモデラーにもありがたい存在だ。ただし塗装する場合はパーツが割れる可能性があるためダボ穴を少し広げて接着する必要がある。今回は5つの作例を用意してみた。Aは艦NEXTシリーズの武蔵のキットをストレートに組んだもので塗装は砲身の防水布など一部のみ（プラスチックのツヤを抑えるためにつや消しクリアーのみ全体に塗装）、Bはフジミのキット純正のエッチングパーツを組み込んだ上で塗装したもの、CはBに加えて機銃などをファインモールドのナノドレッドシリーズのパーツに置き換えたものだ。Dは艦NEXTシリーズの大和でストレート組みしたもので、Eは比較用にフジミ特シリーズの戦艦大和をストレートに組んだ作例となる

まずは艦橋部分を5隻比較してみよう。第一印象でいえるのはやはり特シリーズのEは他の艦NEXTシリーズとは異なるということだ。特シリーズの初版の発売は2004年、艦NEXTシリーズとは10年の開きがある。第1艦橋の遮風板の形状などが艦NEXTシリーズとは異なる。
艦NEXTシリーズを順番に見てみよう。Aは艦NEXT武蔵をストレートに組んだものだ。Eの特シリーズ大和と比較すると艦橋前面に分割線がないことがわかるだろう。接着塗装する場合はこのEの分割線は見えなくなるが塗装不要の艦NEXTシリーズでは目立つものとなってしまう。艦橋は「軍艦の顔」と言われるだけにこの部分は艦NEXTシリーズではこだわっている。艦橋パーツは左右分割ではなく上下に積み重ねていく構成として分割ラインを目立たなくしているのだ。
BとCはフジミ純正のエッチングパーツを組み込み塗装を施したもの。艦橋頂部の電探の周囲や副砲上の支柱、煙突前部のラッタルなどが格段に精密になっていることがわかるだろう。また塗装することによりプラスチックっぽいツヤが消えていることにも注目して欲しい。塗装しない場合はどうしても光が透過するためにツヤが出てしまう。塗装しスミ入れすることにより艦NEXTシリーズの精密なディテールが強調される結果となっている。
Cではファインモールドのナノドレッドシリーズのパーツも使用している。艦橋基部の機銃などの銃身が細くなっているのがわかる。ナノドレッドはキットのパーツを置き換えるだけなのでエッチングパーツの使用よりも難易度は低いのでおすすめだ。Dは比較用に用意した艦NEXTの大和。基本的な構成はAの武蔵と同じように見えるが艦橋基部の25mm三連装機銃のシールドの形状などに違いが見て取れるだろう。

大和型戦艦は46cm三連装主砲を搭載するために設計されたといっても過言ではないだろう。実際の砲塔側面の面構成は複雑な形状をしており実態は捉えにくい。ここは各メーカーの個性が現れる部分といえる。
艦NEXTの砲塔（A〜D）は砲身が開口されている。金属砲身に変える必要がないのは嬉しい点だ。A〜Cは武蔵の砲塔だが砲身の根本の防水布はアクセントとなるので塗装不要とはいえツヤ消しホワイトで塗るとぐっと引き締まった印象となる。D（艦NEXT大和）は完全に未塗装なのでその違いがわかるだろう。Eの特シリーズの砲塔は砲身が細めでかなりスマートな印象を受ける

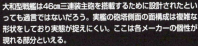

大和型戦艦の艦尾の形状は不明な部分が多く、模型も時代とともに異なる形状となっている。1990年代のキットでは後端が平らな形状とされることが多かったが、現在では決定的な証拠は見つかっていないものの緩やかなカーブを描いていたものと考えられるようになった。今回取り上げたフジミのキットは一番古い特シリーズのものでも2004年発売のため艦尾の解釈には大きな違いはない。船体後部の形状はおおむね武蔵と大和では相違はないのだが増設機銃の位置が異なる。そのため航空機作業甲板などは武蔵専用パーツが用意されている。
武蔵と大和の相違点として挙げられるのは航空機作業甲板のリノリウム通行帯（茶色の部分）とジブクレーン上の空中線支柱。これについては武蔵専用パーツがセットされているのだ。
艦尾のクレーンと空中線支柱、カタパルトはエッチングパーツの精密感が活きる部分でありできれば交換したいところ（BとCはエッチングパーツに交換済み）。搭載機のキャノピーは付属のシールで再現も可能だがここは筆でツヤ有りのブラックなどで塗ってしまったほうが作業的には楽だろう

武蔵以外にもあるぞ まだまだ増えるフジミ艦NEXTシリーズラインナップ2017

艦NEXT 001
全てはここからはじまった

接着剤不要のスナップフィット、塗装不要の艦NEXTシリーズはこの戦艦大和からスタートした。発売は2015年3月。キットを素組みしたものは写真のとおり。これまでのグレー一色で成形されたものとはまるでことなるものだということがわかっていただけるだろう。工具は最低限、ニッパーとナイフ、紙やすりがあればよい（プラスチック製のピンセットまで付属する）初心者が買ってきてすぐに組み立てられるということは大きなメリットだ。もちろんモールドや考証はベテランユーザーでも納得のレベルなものだ。税別3800円

艦NEXT 003
製作／長徳佳崇

日本海軍超弩級戦艦 紀伊

シリーズ第3弾は51cm砲搭載の超大和型！

大和、武蔵に続いて2016年3月に発売されたのは幻の51cm連装砲塔搭載艦、紀伊だ。これは未完成に終わった超大和型と呼ばれるもの。基本的な構成は大和、武蔵と同じだが未完成艦ならではの新パーツが付属している。主砲は当然51cm連装砲塔となるが、高角砲も12.7cm連装高角砲から新型の10cm連装高角砲（すべてシールド付）へと変更されている。価格は税別3800円。

●作例写真はキットにエッチングパーツを使用し塗装を施したもの。実際に完成には至らなかった未完成艦なのでこのように自由に楽しむことも可能だ

これまでのフジミの特シリーズとは異なるコンセプトで開発された艦NEXTシリーズはまだまだラインナップを拡大中。2017年始めの時点ですでに6タイトルが発表されている。ここでは武蔵以外の艦NEXTシリーズについて紹介しよう

艦NEXTシリーズの新たな飛躍
航空母艦登場!

日本海軍航空母艦 赤城

艦NEXT 004

艦NEXT第4弾となるのは航空母艦赤城。2016年9月に発売となった。これまでの3作が大和とそのバリエーションだったことを考えるとこの赤城こそが艦NEXTの新章ということができる。はじめての航空母艦ということで新機軸も取り入れられている。空母を特徴づける飛行甲板は一見、黄色い木甲板のように見えて遮風板やエレベーター、伸縮継手、雨樋などのグレーの部分も存在する。甲板裏もグレーだ。そこで緑部分を薄く成形したグレーのパーツに木甲板部分をはめ込む構造を取ったのだ。薄い甲板部分に板状のパーツを接着剤を使用せず組み立てるのは新しい試みで艦NEXTがさらに一歩進歩したことがわかる。通常ならば赤城のような同型艦のない艦の開発はバリエーション展開ができないため難しいが、艦NEXTはそれを意識せずにすむため選ぶことのできた艦ということができる。税別3800円

日本海軍超弩級戦艦 大和

艦NEXT 005 小型艦艇でも妥協なし

2016年12月にシリーズ初の駆逐艦である雪風、磯風（2隻セット）が発売された。リノリウム甲板などが別パーツとされていて小型艦といえども妥協されることはない

艦NEXT 006 艦NEXTならではのアイテムチョイス

日本海軍戦艦 比叡

こちらは2016年3月に発売が予定されている戦艦比叡。それが駆逐艦島風だ。艦NEXTシリーズは接着剤不要というコンセプトのため、ダボ穴がパーツに空いておりバリエーション展開が難しい。通常のキットならば年次替えや同型艦などのバリエーション展開のしやすさがキット開発の際に考慮されるのだが艦NEXTシリーズではこれらに縛られることが、ない。そこで橋構造などが大きく異なる比叡がえらばれたのは艦NEXTならではだろう

1/350でもスナップオン！

日本海軍駆逐艦 島風

艦NEXT 350
製作／中村勝弘

艦NEXTシリーズは1/700でスタートしたが2015年12月に1/350スケールキットも発売された。艦NEXTシリーズは接着剤不要というコンセプトのため、ダボ穴がパーツに空いておりバリエーション展開が難しい。通常のキットならば年次替えや同型艦などのバリエーション展開のしやすさがキット開発の際に考慮されるのだが艦NEXTシリーズではこれらに縛られることが、ない。そこで「人気艦だが同型艦がない」「大戦前期に沈んでしまったため年次替えのキットが出しにくい」などのアイテムを積極的に選択することが可能なのだ。島風も人気のある艦だが同型艦がなく、しかも完成後すぐに沈没してしまったため通常のキット化が難しいものだといえたが艦NEXTシリーズのコンセプトにぴったり合致するため開発されたのだろう。価格は税別4800円。
●作例はキットに塗装しディティールアップしたもの

艦船模型用ツールガイド
便利な工具を使いこなしてワンランクアップを目指そう

艦NEXT 武蔵を作ろう！　となっているあなた、工具はちゃんと揃っていますか？　いい作品はいい工具から。精密な道具を使えばより精密作業が楽になりますし、効率を上げるための道具もさまざまです。ここでご紹介するのは、どれも初期投資に見合った効果が得られるものばかりですよ

切る

パーツを切り離すなど、プラモデル製作はまず「切る」ところからはじまります。なにごともはじめが肝心、できるだけよい道具を選んでください

ニッパー

■DIYショップや100円均一ショップでもニッパーは入手できますが、模型店などで手に入る「プラモデル製作専用ニッパー」のほうがパーツへの負荷がかかりにくいよう設計されています。こちらのタミヤ製薄刃ニッパーは切れ味、価格、耐久性、そして入手性のバランスがよく、非常に使い勝手のよいプラモデル用万能ニッパーです

▲薄刃ニッパー（ゲートカット用）
タミヤ
税別2400円

▲メタルラインニッパー
ゴッドハンド
税別2700円

■このメタルラインニッパーでは直径2㎜までの真ちゅう線やアルミ線が切断でき、本書の場合、おもに張り線をするときに使用します。張り線に使用している「メタルリギング」は非常に硬い合金製なので、プラスチック専用ニッパーでは刃こぼれしてしまいます。このような金属専用ニッパーを使用するようにしてください

▲アルティメットニッパー
ゴッドハンド
税別4800円

■片方にだけ刃がついているのが特徴で、包丁とまな板の要領でカットするため切断面が非常にキレイという特徴があります。また非常に薄い刃は切り出す際にパーツに負荷がかかりにくく、こまかなパーツが多い艦船模型の製作に重宝します。そのぶん刃は繊細なので、硬いクリアーパーツのランナーや、3㎜以上の太さのプラスチックは切断できません

デザインナイフ

■軸がペン状で操作性がよく、刃先がぐらつかないため、パーツの整形やエッチングパーツの切り出しなどこまかな作業に活躍するナイフです。刃先が少しでも鈍ったら交換するように、替刃は多めに用意しておきましょう。「デザインナイフ」はオルファ社の製品名ですが、本書では左写真のような同様のナイフを総称して「デザインナイフ」と呼びます

▲モデラーズナイフ
タミヤ
税別740円

模型用ノミ

■エッチングパーツのなかには、キットのモールドを一部削りとってから貼りつけるものもあります。そこで便利なのがこういった平ノミです。木工用の太いものではなく、模型用として売られている、刃幅が1〜2㎜程度のものを使用すれば、周囲を傷つけることなく、削りとる必要がある部分のみピンポイントで処理することができます

▲モデリングチゼル1
（模型用ノミ平細）
ハセガワ
税別1500円

ピンバイス

▼精密ピンバイスD
タミヤ
税別1300円

■模型に小さな穴を開ける際には、ピンバイスとドリル刃を使用します。ドリル刃は艦NEXT 武蔵の製作ではボーナスパーツを取りつける際に直径0.8㎜のものが必要になるほか、ダボ穴の調整にさまざまな太さのものがあると便利なので、**極細ドリル刃セット**、**ベーシックドリル刃セット**（タミヤ　税別各1400円）の2種があるといいでしょう

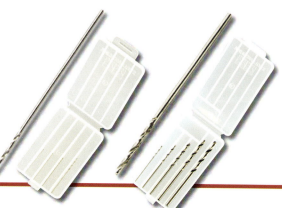

削る

パーツを切り離したら、つぎはやすりで整形です。一口にやすりといっても種類はさまざまで、使いわけがキレイに、効率的に製作するカギとなります

紙やすり

▶フィニッシングペーパー
タミヤ
税別各120円

■耐水性のサンドペーパー。パーツの整形や合わせ目消しのために使用します。ベースが紙なので、使用する部位に合わせて自分で必要な大きさに切り出したり折りたたんだりできるのが特徴。番手と呼ばれる数字はヤスリの目の大きさをあらわし、数字が大きくなるほど目が細かくなります。艦船模型製作においては、#400、#600、#800、#1200あたりの番手を揃えておけば、まず困ることはないでしょう

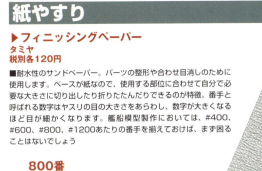

400番 / 800番

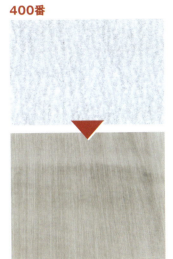

◀大きな番手のほうが研磨剤のつぶが大きく、そのぶん切削性が高くなりますが、目に見えるキズが残りやすくなります。反対に小さな番手になると、切削性は低いものの表面は平滑になります。

やすりがけする際には、まず大きな番手を使っておおまかに削ったあと、そのやすりでついたキズを、1段階小さな番手のもので消す、をくり返すとキレイに仕上がります

ヤスリスティック

▼ヤスリスティック ハード
ウェーブ
税別各300円

■正確に平面を出しながら削りたい場所には、どうしても指の力が不均等にかかりやすい紙やすりは不向きです。紙やすりの裏に硬い板が貼られたものを使うと、平面をきっちり出すことができます。番手は紙やすりと同様、#400～#1200を用意してください

研磨スポンジシート

■曲面をヤスる場合はスポンジシートに研磨剤を塗布した研磨スポンジシートが便利。コシのあるスポンジが指先の力を分散し、ヤスりたい面に均等に伝えます。そのためデコボコした面を均一に美しく、簡単に整えることができます。紙やすりと同様にさまざまな番手がありますが、おなじ番手のものでも、力の入れかたによって、切削性が変化する特徴があります

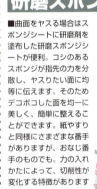

▶研磨スポンジシート
タミヤ
税別各280円

電動ヤスリ

■電動ヤスリは必ず必要な工具というわけではありませんが、削るという作業を効率化し、なおかつキレイに行なうことができます。ちいさなヘッド部分が高速で左右に回転することで、人の手よりはるかに早く、また動作のブレが少ないため正確に、ピンポイントでやすりがけできます。写真のGSIクレオス製「Mr.ポリッシャーPro」用の替えヤスリはカット済み、裏面にテープ貼りつけ済みなので、ワンタッチでヤスリ部分の交換が可能です

▼Mr.ポリッシャー Pro
GSIクレオス
税別1500円

▲応用として、スポンジヤスリを切って両面テープで貼るというテクニックもあります。付属ヤスリよりもやわらかいものになるので、曲面をやすりがけするのに便利です

貼る

接着剤にもさまざまな種類があります。なにを、どのように接着するのかで使うものが異なります。艦NEXT 武蔵の製作には4種類の接着剤を用意します

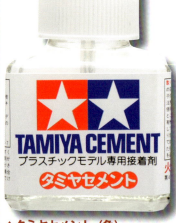

高粘度／遅乾性樹脂用接着剤

▲タミヤセメント（角）
タミヤ
税別200円

■プラスチックパーツ同士の接着には、プラスチックモデル向けの、スチロール樹脂専用接着剤を使います。これはプラスチックを溶かしてパーツ同士を一体化するため、接着し、溶剤が完全に揮発したあとの強度がバツグンです。高粘度の接着剤は、パーツの接着面に先に塗布し、パーツ同士を貼り合わせる、一般的な「のり」や接着剤と同じような使いかたの接着剤です

▲Mr.セメント
タミヤ
税別150円

低粘度／速乾性樹脂用接着剤

▲タミヤセメント（流し込みタイプ）
タミヤ
税別300円

▲Mr.セメントS
GSIクレオス
税別250円

▲タミヤセメント（流し込みタイプ）速乾
タミヤ
税別340円

■こちらの低粘度接着剤は、パーツ同士をあらかじめ合わせておき、その接合面に付属の筆で接着剤を流しこむタイプの接着剤。全体的に貼り合わせる高粘度タイプより乾燥速度が速めですが、そのなかでもとくに「速乾タイプ」をうたっている「セメントS」や「速乾タミヤセメント」はほとんどタイムラグなく乾燥するため、非常に使い勝手がよい接着剤です

リモネン系接着剤

▶Mr.セメント リモネン系
GSIクレオス
税別280円

▲タミヤリモネンセメント
タミヤ
税別280円

■こちらも低粘度の流し込み用接着剤。柑橘類の皮に含まれる「リモネン」という物質を利用したもので、乾燥速度がやや遅めなかわりに、接着剤特有の臭いがない（柑橘類の匂いがする）のが特徴です。また、一般的なスチロール専用接着剤と違い、塗装した部分を侵しません

ゼリー状瞬間接着剤

▼ロックタイト ジェルプラス 10g
ヘンケルジャパン
オープン価格

■エッチングパーツはスチロール樹脂専用接着剤では接着できませんので、瞬間接着剤を使用して接着します。瞬間接着剤と一口にいっても粘度や硬化速度は種類はさまざまです。こちらは粘度が非常に高く、完全硬化に数分程度かかる「ゼリー状瞬間接着剤」。先に接着剤を塗布してからの接着や、パーツ同士の継ぎ目消しに使用できます

流し込み用瞬間接着剤

▼瞬間接着剤x3S ハイスピード
ウェーブ
税別450円

■こちらは低粘度、数秒程度で硬化するタイプの瞬間接着剤。粘度が低いためすき間に流れ込みますので、ゼリー状瞬間接着剤と適材適所で使いわけます。また、瞬間接着剤は作業性を向上させるための先端が細くなったノズルが別売りされています。たくさん用意しておき、先端が硬化したらどんどんと取りかえていきましょう

"流し込み用"と"ゼリー状"の両者を併用しよう

艦船模型をエッチングパーツを貼って製作していると、「ゼリー状瞬間接着剤の硬化時間では長すぎて接着すべき位置にパーツを保持しておくのが大変だけど、流し込み用では接着剤が毛細管現象などで流れてしまったり、接着前に硬化してしまってうまく接着できない」というような場面が発生します。そこでおぼえておきたいテクニックが「2種類を混ぜて、中間くらいの性質の瞬間接着剤を作る」ことです。

そんな都合のいい方法、ここでは「混合瞬着」と呼びますが、やりかた自体はカンタンです。まずキットのランナー部分を炙って伸ばした「伸ばしランナー」でゼリー状瞬間接着剤をすくいとり、つぎに流し込み用瞬間接着剤をすくいとります。こうすると先端で2種類の接着剤が混ざった状態となり、ねらったところに接着剤をつけてもそれほど流れず、接着時間は十数秒～1分程度、という中間的性質をもたせることができるのです。この接着剤をできるだけ少量つけて接着したら、流し込み用瞬間接着剤を少しずつ2度、3度とつけてやると周囲が白く汚くなる「白化」も起こさず、キレイに仕上げられます。

慣れれば粘度調整もできるようになり、部位にあわせて適切な瞬間接着剤を混ぜられるようにもなります。

◀ランナー部分を伸ばした「伸ばしランナー」で作った接着棒でゼリー状→流し込み用の順にすくい取ります。ゼリー状瞬間接着剤の量を少なめにしておくのがミソ。粘度の低い流し込み用瞬間接着剤を適量すくい取れるようになります

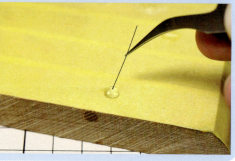

▶接着棒の先でゼリー状、流し込み用が混ざった状態になり、両者の中間くらいの時間で硬化するようになります。いったん混合瞬着で位置決めしたあと、さらに流し込み用接着剤を2度、3度と少量流し込めば接着強度が高まります

その他

切る、削る、貼る、プラモデルの基本作業に使用する道具以外にも、便利な道具はたくさんあります。とくにピンセットは艦船模型製作に必須といえます

ピンセット

▶ 精密ピンセット ストレートタイプ／ツル首タイプ
タミヤ
税別各1400円

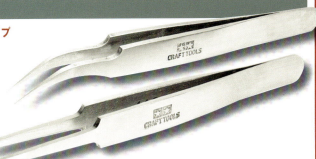

■こまかなパーツの取り扱いやデカール貼りに便利なピンセット。なによりも、先端の合わせの精度が高いことが重要です。精度が高いピンセットは、こまかなパーツをつかんだときにどこかに飛んでいってしまう、といったトラブルを減らすことができます。さらに、ねじれにくい肉厚のものを選んでおくとよりよい安心です

プライヤー

▶ エッチングベンダー
タミヤ
税別2000円

▼ エッチングベンダーミニ
タミヤ
税別1900円

▼ HGフラットノーズプライヤー
ウェーブ
税別1380円

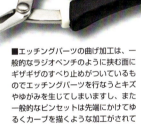

ヘッドルーペ

▶ ヘッドルーペ（1.7/2/2.5倍レンズつき）
タミヤ
税別7500円

■エッチングパーツの曲げ加工は、一般的なラジオペンチのように挟む面にギザギザのすべり止めがついているものでエッチングパーツを行なうとキズやゆがみを生じてしまいますし、また一般的なピンセットは先端にかけてゆるくカーブを描くような加工がされているため、長い直線を正確に曲げることができません。

そこでエッチングパーツの折り曲げ加工には、エッチングベンダー（フラットノーズプライヤー）を使用します。タミヤの「エッチングベンダー」は金属の反発力を考慮し、つかみ部の断面系が台形となっていて、直角に曲げることが可能です。つかみ部が長く、カタパルトなどの長い直線を曲げるのに使うタミヤの「エッチングベンダー」、

それよりこまかなパーツを折り曲げる際に便利な「エッチングベンダー ミニ」、先端が幅広でフラットになっていて、21号電探の折り曲げ加工などに便利なウェーブの「HGフラットノーズプライヤー」など、折り曲げたいパーツによってプライヤーを使いわけることも、正確にエッチングパーツを曲げるコツです

■いま肉眼で見ている世界から何倍もの解像度でものを見せてくれるのが拡大鏡です。精密な艦船模型をキレイに正確に仕上げるためには、もはや必須といっても過言ではないアイテムです。写真のタミヤ製のものは頭にかけるタイプなので両手を使って作業でき、またレンズ部が跳ね上げられるので必要なときだけ使

用可能です。メガネをかけた状態でも邪魔になりません。付属する1.7倍、2倍、2.5倍のレンズは、ガラスより軽量で、透明度の高いアクリル樹脂にキズ防止コーティングを施したもの。大サイズのフチなしで視界が広いこともあって、長時間装着していても疲れにくいものとなっています

その他あれば便利なお役立ちグッズ

製作作業は基本的にカッターマットの上で行なえばよいのですが、一部はそれ以外のものを下に敷いて作業することで、効率や精度を大幅に上げることができます。

とくにエッチングパーツを扱うときには、正確に切り出したりシャープに曲げたりするときに硬いもの、弧を描くようなゆるやかな曲線で曲げるときに柔らかいもの、2種類の下敷きがあると正確に作業できます。

カッターマットはナイフの刃が自然に食い込むよう、硬すぎず柔らかすぎずという硬さで設計されています。なのでその上でエッチングパーツを切り出そうとすると、デザインナイフを押し付けたピン

ポイントだけに力がかかり、エッチングパーツが沈み込むことでパーツに歪みが生じてしまいます。また円め加工のときはエッチングパーツがうまく沈み込まず、なかなか円まってくれません。

また、硬い下敷きはエッチングパーツ曲げ加工の際に、プライヤーとともにきっちりとした直線で曲げる手助けともなります。ゴム板などの柔らかいもの、アクリル板や強化ガラス板などの硬いもの、2種類の下敷きを用意してやると、より作業に正確さとスピーディさとをもたらしてくれます。

どちらも小さなものだと、DIYショップでそれぞれ数百円程度から入手可能です。

▶ エッチングパーツをデザインナイフで切り出す際は、カッターマットの上で行なうとパーツに余計な曲げが生じてしまいがち。アクリル板や、ゴッドハンドの**ガラスカッターマット**（税別1800円）など、硬いものの上で行なうようにしましょう

◀ エッチングパーツをゆるやかな曲面に曲げる必要があるところでは、下にゴム板を敷いて行ないます。ゴムとはいってもあまり柔らいと曲げ加工がうまくいかないことがあるため、やや硬めで2cm程度の厚さがあるものを選びましょう。DIYショップで、300〜400円程度から入手可能です

塗装不要とはいうけれど……
艦NEXTシリーズと塗装の話

艦NEXTシリーズは各パーツの成型色を変えることにより未塗装でも完成させることができる。しかし塗装することでさらに完成度を高めることも可能なのだ。塗装については本一冊を費やしても解説しきれないのだがここでは簡単に3ステップで紹介しよう

- 各部色分けした成型により未塗装でOK
- パーツの合わせが目立たない分割方式を採用
- 接着剤を必要としないスナップキット
- 細かい部分の色分けを再現するシールが付属
- 喫水線下を外せば洋上モデルが再現できます

STEP1 部分的に筆塗りを活用しよう

キットでは成型色を変えることで未塗装でも完成させることができることになっているが、実際には細かな部分で対応しきれていない箇所もある。たとえば上甲板のハッチや砲身基部の防水布、航空機のキャノピーなど。これらは付属のシールで表現することが指示されているが、シールを凸凹した部分に密着させるのは簡単ではない。そういった部分は筆塗りで塗ってしまったほうが楽できれいに仕上がる。とくに主砲の砲身の防水白布の部分を白く塗ることやマスト頂部を黒く塗るのは効果が高い。白は発色させることが難しかったが近年発売されたGSIクレオスのGX1クールホワイトは隠蔽力も高く筆塗りでも効果を発揮するのだ。

STEP2 缶スプレーを使ってみよう

筆塗りからさらに一歩進みたい人におすすめなのが缶スプレー。「エアブラシはちょっと高価なので……」という人でも缶スプレーならば模型店などで購入可能で手軽に使用することができる。艦NEXTシリーズはランナーごとに色分けされているので切り離す前に塗装するという方法も可能だ。「いろいろ缶スプレーを用意するのは大変だ」と思われるならつや消しクリアーだけでも使ってみてはどうだろう。プラスチック特有のツヤが消えて作品がぐっと落ち着くぞ。

▶艦載機も緑一色で成型されている。キャノピーを黒く塗るだけで精密感がアップするのでおすすめだ。また日の丸は写真のようにシールをマスキング用紙として使えば筆でも塗りやすい

つや消しクリアーを使うと……
プラのツヤが消える！

STEP3 エアブラシで塗装しよう

缶スプレーは安くて導入は容易いのだが意外にコントロールは難しい。中に詰められたガスの圧力が気温や残量によって左右されてムラが出たり、塗料がタレたりすることことも多い。
エアブラシ塗装は初期投資としてエアブラシやコンプレッサーを購入する必要はあるが、そのコストに見合う価値はあると断言しておこう。「エアブラシ塗装って上級者向けじゃないの？」という認識は完全に逆。ムラなく均一に塗装するにはエアブラシがいちばん簡単なのだ。また近年はエアブラシ+コンプレッサーのエントリーセットで1万円程度で買うことができるものも存在する。価格が安めのモデルは広い面積を塗ることは難しいが、1/700スケールの艦船模型のような小さなものを塗るには問題はない。
艦NEXTシリーズとエアブラシ塗装の相性は実はいい。艦船模型のエアブラシ塗装でいちばん面倒なのはマスキング作業。通常の模型ではたとえば甲板は一度、軍艦色で塗ってから錨鎖甲板や航空機作業甲板をマスキングテープで覆い、それから木甲板色で塗装するという工程が必要となる。塗装自体は1分もかからないのだがマスキングには下手すると1時間以上かかることもある。艦NEXTは色ごとにパーツ分けされているのでこの時間のかかる作業を省略することができるのだ。

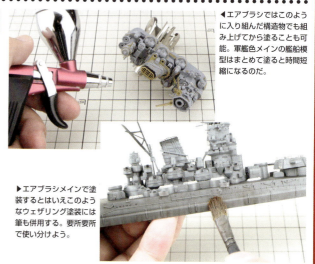

◀エアブラシではこのように入り組んだ構造物でも組み上げてから塗ることも可能。軍艦色メインの艦船模型はまとめて塗ると時間短縮になるのだ。

▶エアブラシメインで塗装するとはいえこのようなウェザリング塗装には筆も併用する。要所要所で使い分けよう。

より深くエアブラシを知りたい人にはこの1冊

最適な環境で操作するにはそれなりのコツが必要なエアブラシ塗装。稀釈濃度、エア圧などさまざま要因が仕上がりを左右する。そんなエアブラシ塗装のイロハを解説したのが本書。初心者だけでなく上級者でも目からウロコな情報が満載。

エアブラシ大攻略
[2015改訂版]
定価(本体2900円+税)
大日本絵画

◀稀釈濃度や吹き付けの距離など、エアブラシのノウハウも図版を交えて詳しく解説している

◀各社から発売中のエアブラシ関連器具カタログも掲載。自分にあった最適の道具を選ぼう

スナップフィットキットを塗装する場合の注意点

艦NEXTシリーズを塗装する場合、ひとつ注意することがある。それは塗装することによるパーツの破損だ。艦NEXTシリーズは接着剤不要のキットとなっている。スナップフィットキットのパーツははめ込む際にプラ材同士の摩擦によって固定されているのだ。このキットではパーツが脱落しないようにダボ穴とピンはかなりきつめとなっている。ここにプラスチックを柔らかくする塗装用の溶剤を流し込んだ場合、テンションのかかっている部分が割れてしまうケースがある。これを避けるにはあらかじめダボ穴のほうをピンバイスやデザインナイフで広げておけばよい。当然パーツの嵌合はゆるくなり脱落しやすくなるので接着剤で固定する必要も出てくる。艦NEXTを塗装する場合は、接着も必要になることを覚えておこう。

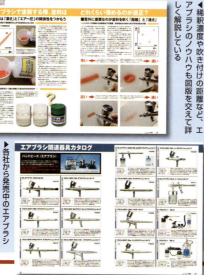

第2部
太平洋戦争における大和型戦艦

大和型戦艦、斯く戦えり 《前編》 ……………………… 30
戦艦の砲撃戦を陰で支える「空の上の力持ち」零観 ………… 34
大和型戦艦、斯く戦えり 《後編》 ……………………… 36

1941年12月の公試において全力航走を行なう1番艦の大和。戦艦を取り巻く様相は、この12月中に大きな変革をみせることとなる。
（写真提供／大和ミュージアム）

大和型戦艦、斯く戦えり 前編
1941年12月真珠湾攻撃〜1944年6月マリアナ沖海戦
文／宮永忠将

大和、武蔵は日本海軍が建造し、竣工させた最後の戦艦である。限られた国力でありながら、戦艦同士の海上戦闘をより優位に運ぶために建造された両艦の戦いは、多くの第二次世界大戦参加戦艦と同様、航空機を相手とするものであった。ここでその一端を振り返る

■真珠湾攻撃とマレー沖海戦

日本時間の1941年12月8日早朝、アメリカ海軍太平洋艦隊の根拠地であるハワイ諸島、オアフ島の真珠湾基地を、約350機の日本軍機が襲撃した。これは対米開戦に直面した日本海軍の主導で実施された奇襲作戦であった。11月26日に択捉島単冠湾を秘密裏に出撃した南雲忠一海軍中将率いる機動部隊、すなわち南雲機動部隊が、長駆、オアフ島北方250kmの海域まで進出して敢行した、大胆な航空奇襲であった。

結果はすさまじかった。日曜日の朝ということもあったが、湾内に停泊する戦艦をはじめとする主力艦と、300機以上の基地の航空機群は、淵田美津雄中佐率いる183機の第一次攻撃隊の攻撃だけで、実質的に壊滅に追い込まれてしまったのである。

アメリカ海軍は戦艦4隻を失い、4隻が撃破された。太平洋艦隊は戦力を喪失し、麻痺状態に陥ったのである。救いは、重要な目標となる航空母艦が湾内から出払っていて、無傷であったことだ。

正規空母6隻を投入するという大胆な奇襲作戦の成功に世界は驚愕した。しかし多くの軍事関係者は「宣戦布告せずに実施した卑怯な奇襲による例外的戦果」に過ぎないと、この結果をと見なそうとした。たしかに航空機による奇襲は破壊的であるが、狭い湾内ではなく、広い洋上で作戦中の主力艦には、効果のない作戦であると理解されたのだ。

しかし、その認識はわずか2日後、12月10日のマレー沖海戦で覆される。日本軍のマレー半島進出を洋上から阻止すべく出撃した、イギリス東洋艦隊のプリンス・オブ・ウェールズとレパルスの2隻の戦艦が、クアンタンとアナンバ島の中間海域で日本海軍の陸攻隊に撃沈されたのだ。海戦と呼ぶのが難しい海対空の戦いであったが、海軍基地航空隊の一式陸攻の雷撃により、レパルスは13本、プリンス・オブ・ウェールズは8本の航空魚雷が命中していたのだ。

マレー沖海戦により、洋上を作戦中の戦艦といえども、敵航空優勢下にある場合は一式陸攻のような鈍重な攻撃機にさえ撃沈されうることが明確になった。これが空母艦載機のような高性能攻撃機であれば、結果は言うまでもないだろう。戦艦が海戦の主役から滑り落ち、航空機が海戦の帰趨を握る、航空主兵の時代が到来した瞬間であった。

まさに海戦史の大転換が起こっているさなかの1941年12月16日、戦艦大和が呉海軍工廠にて竣工したのであった。そして姉妹艦であり、建造中は二号艦と呼ばれていた戦艦武蔵は、翌年12月の完成予定を繰り上げられ、三菱重工長崎造船所にて急ピッチでの仕上げ工事の真っ最中であった。

■戦艦かそれとも航空機か

なぜ日本海軍が戦艦大和、そして武蔵を建造したのか。そのそもそも論から詰めてみたい。

槍や刀、あるいは弓よりは鉄砲が強く、百挺の鉄砲は一挺の機関銃に駆逐される。その機関銃も砲に粉砕されるだろう……。こうした淘汰を繰り返して、兵器は進歩を続けてきた。

同じことが洋上でも起こっている。大きく強力な砲を数多く積むために大型の船が求められ、必然的に装甲も分厚くなっていった。これが19世紀末には戦艦という艦種を生み、巨大な戦艦を保有する国こそが、海の覇者になると信じられた。すなわち大艦巨砲主義の時代を拓いたのである。

日本がこの動きに乗ったのは、日露戦争に勝利してからのことだ。列強の仲間入りを果たした日本は、西太平洋の覇権国としてふさわしい海軍の建設に邁進した。それが八八艦隊計画である。第一次世界大戦中に3万5000トン級の長門型戦艦2隻の建造に着手した日本海軍では、その後、土佐型戦艦（4万トン）、天城型巡洋戦艦および紀伊型戦艦（5万トン）の開発計画を進め、戦艦は急速に大型化した。1920年にワシントン海軍軍縮条約の交渉が始まる時点で、日本海軍は6万トン級戦艦の建造計画まで進んでおり、これが実現すれば史実より15年以上も早い段階で、大和型と同レベルの戦艦が登場していたことになる。

しかし1921年に締結されたワシントン海軍軍縮条約により、各国は戦艦の保有数を決められ、旧式艦を代替する新造艦も基準排水量3万5000トン以下とすることが厳密に定められた。条約により、戦艦建造が停滞を強いられた日本では、巡洋艦や駆逐艦、航空母艦などの補助戦力で穴埋めを考えたが、こちらも1930年のロンドン海軍軍縮条約により、対英米戦を想定した場合に不利な保有比率で制限されてしまう。

こうして国際的に強制された「海軍休日」の中で、建艦技術の進化はペースダウンした。ところがこの間に急速に進化した兵器が航空機であった。

大艦巨砲の技術が停滞している間に、条約の制限対象外であった航空機は複葉機から金属製単翼機になり、エンジン性能や速度、爆弾搭載力も格段に向上した。当初は難しいと思われていた航空魚雷も実用化された。こうして日に日に軍艦に対する航空機の脅威が増す中で、戦艦は眠りを強いられていたのである。

日本海軍では、1936年に軍縮条約を脱退するのと同じタイミングで大和型戦艦2隻の建造に乗り出した。決定の背後では、航空本部のメンバーを中心に戦艦不要論が盛んであった。「大和型1隻の建造費と維持費があれば第一線の戦闘機を開発配備できる。どちらが優れた判断か議論の必要もない」というのが、大西瀧治郎や山本五十六など航空主兵論者の主張であった。また、結果を知っている後世の我々も、大和不要論に利があるように考えがちだ。

ただ、大和型の建造を決めた時点では、まだ航空機の優越は理論上のものであった。スペックばかりでなく、気象などの運用条件を考慮すれば、戦艦に対抗できるのはやはり戦

▲呉海軍工廠で建造中の大和。写真手前の丸い穴は第2主砲塔のバーベットで、奥にはだいぶ組み立てが進んだ第1主砲塔が見えている。大和、武蔵の建造はこの46cm砲を敵前に運ぶための船を造ることに他ならなかった。（写真提供／大和ミュージアム）

▶こちらは1941年9月20日、だいぶ艤装工事の進んだ大和の姿。強力な主砲を発砲する際の爆風対策のため、光学兵器や機銃にはシールドが設けられ、艦載艇などは艦内の格納庫にしまうようになっていた。右に停泊するのは空母鳳翔。（写真提供／大和ミュージアム）

艦でしかないという意見や判断も理にかなっていた。結局、大和型も揃え、航空機も可能な限り準備していくというバランス重視の結論に落ち着くわけだが、両方を実現しきれない小さな国力しかない日本にとっては、茨の道への決断であった。

■南方作戦と航空母艦の戦い

1942年2月15日に、イギリスの極東政策の要であるシンガポールが陥落すると、日本軍の作戦は第二段階に移行する。現在のインドネシア共和国に該当する蘭印地方（オランダ領インドネシア）の資源地帯を押さえ、長期自給体制を確立するというのが、対アメリカ戦を決意した日本の基本戦略であった。時間を稼ぎ、優勢な艦隊戦力でアメリカ軍の反撃を叩いていれば、やがてドイツがヨーロッパで勝利し、孤立を恐れたアメリカが講話に応じ、晴れて日本は中国との戦争に専念できる。当時の日本政府や軍部の考えは、おおむねこの程度のことであった。

蘭印攻略作戦は順調に推移し、2月下旬には要衝ジャワ島の攻防戦が発生した。奇襲の混乱から立ち直った連合軍はABDA（米英蘭豪）連合艦隊を編成して日本海軍を迎え撃った。しかし日本軍はスラバヤ沖海戦やバタビア沖海戦に勝利して制海権を握り、3月9日には要衝のジャワ島を陥落させた。

この時、真珠湾奇襲から帰投した南雲機動部隊は、2月中にポートダーウィンを空襲し、ジャワ島方面にも進出したが戦果はなかった。それでも4月にはインド洋に出撃してインド東岸のイギリス軍拠点を叩き、セイロン島沖海戦では空母「ハーミス」を撃沈して勝利した。

ところが、アメリカの立ち直りは予想より早かった。戦艦を失ったアメリカ海軍であったが、彼らは戦力が回復するまで待つような消極策はとらず、手持ちの航空母艦を使い、ヒット・エンド・アウェイ戦術で中部太平洋の日本の拠点を攻撃して揺さぶりをかけたのだ。4月18日には、空母から発艦した陸軍航空隊のドゥーリットル爆撃隊が首都東京を昼間爆撃するという奇襲にも成功した。

神出鬼没の敵空母に手を焼き、帝都防空に失敗しただけでなく、敵空母の捕捉にも失敗したことで、海軍の面目は丸つぶれとなった。これを一挙解決すべく、連合艦隊司令長官の山本五十六の発案により、敵空母機動部隊の撃滅をはかるミッドウェイ攻略作戦が具体化しはじめる。

一方、南方作戦の第一段階も終盤を迎え、アメリカとオーストラリアの連絡経路を遮断すべく、ニューギニア島南部の拠点ポートモレスビー攻略作戦が始まった。この作戦は陸路からの侵攻が不可能であるため、海軍は陸軍部隊の輸送支援のために空母翔鶴と瑞鶴、軽空母祥鳳を投入した。これに対してアメリカも空母レキシントンとヨークタウンを派遣したため、5月7日から8日にかけて、史上初の空母決戦として名高い珊瑚海海戦が勃発した。

海戦の結果、空母レキシントンが撃沈されたが、日本も祥鳳を失い、翔鶴も中破した。日本軍はポートモレスビー攻略を断念せざるを得ず、作戦的には日本が優勢であったものの、戦略的には敗北同然の結果となった。

ここまで米日双方とも、空母主体の作戦が続いたが、この間、戦艦群はどうしていたのだろうか？

答えを言うなら、なにもしていなかった。アメリカの戦艦群は再建、再編成中であったこともあり、日本側も不慮の損失を恐れて出し惜しみしていた。戦艦大和は2月12日に連合艦隊旗艦となったが、瀬戸内海にあって司令部の働きをしていたに過ぎない。イギリスは日本の来寇を恐れてインド洋方面の戦艦を5隻まで増強していたが、南雲機動部隊の優勢を恐れて出撃を見送った。このイギリス海軍の判断こそが、航空戦力と戦艦の関係の変化をはっきり示していたとも言えるだろう。

唯一、例外は4隻の金剛型戦艦であった。巡洋戦艦を原型とし、近代化改修で高速戦艦として生まれ変わった金剛型は、30ノットの作戦航行が可能であり、空母機動部隊と共同作戦ができる唯一の戦艦であった。しかし任務は機動部隊の護衛がもっぱらであり、その巨砲を敵艦に向ける機会は未だ訪れていなかったのであった。

■ミッドウェイ海戦の悲劇

戦艦武蔵は5月20日に呉軍港に回航され、いよいよ仕上げの段階に入った。だが、その真価が問われる前に、ミッドウェイ海戦が勃発する。

帝国海軍史上最大の悪夢となる海戦の細部まで触れるのは困難であるが、ハワイ攻略の足がかりとなるミッドウェイ島を占領することで神出鬼没の敵機動部隊を引きずり出し、空母赤城、加賀、蒼龍、飛龍の正規空母4隻を擁する南雲機動部隊でこれを撃破するというのが日本の狙いとなる。また同時に第二機動部隊を編成し、アリューシャン列島とダッチハーバーの攻撃を支作戦として追加した。

ミッドウェイ攻略作戦の主役は南雲機動部隊であるが、作戦全体では彼らは前衛艦隊という位置づけであり、南雲機動部隊の後方約550kmの位置に大和、長門、陸奥の3隻の戦艦を主力とする後続部隊が続いていた。敵空母撃滅後に、彼らがミッドウェイ島を叩いて上陸作戦の支援をする手はずであった。したがって、ミッドウェイ作戦は大和型戦艦の実質的な初陣ということになる。ただし、珊瑚海海戦で損傷した第五航空戦隊の翔鶴と瑞鶴は作戦から外されていた。

海軍記念日となる5月27日、南雲機動部隊が柱島を出撃し、その2日後の29日に、ミッドウェイ攻略部隊と戦艦大和を含む主力部隊が出撃した。大和には連合艦隊司令長官の山本五十六も座乗するという、実に堂々たる陣容であった。

日本時間の6月5日早朝、作戦開始の時点で、大和は南雲艦隊の西方500kmの海域で戦況報告を待ち続けていた。前衛部隊ではミッドウェイを空襲し、誘引された敵空母を叩く作戦が進行中であったが、第一次空襲は戦果不十分と見なされ、敵空母に備え対艦装備を終えていた攻撃機群に爆装の命令が出されていた。しかしその直後に敵機動部隊の所在が明らかになると、急遽、対艦兵装への再転換が命じられることになる。このわずかな間隙を突いて敵の攻撃が行なわれ、瞬く間に赤城、加賀、蒼龍に急降下爆撃が命中。艦内で手に負えない火災が発生して戦力を喪失したのであった。

恐るべき報告を受けた山本長官は、唯一健在であった飛龍に即時反撃を命じるとともに、アリューシャン方面に差し向けていた第二機動部隊を呼び戻して戦局の立て直しを図った。しかし飛龍は敵空母ヨークタウンを大破敗走に追い込むも、自身も命中弾を受けて、最後は沈没した。

この海戦で、日本海軍は虎の子の正規空母4隻を一挙に失い、同時に育成に膨大な時間と労力を要するベテラン搭乗員の多くを戦死させた。この敗北は太平洋戦争の重要なターニングポイントとなるわけだが、もうひとつの大きな意味がある。

前衛となる南雲機動部隊は確かに

31

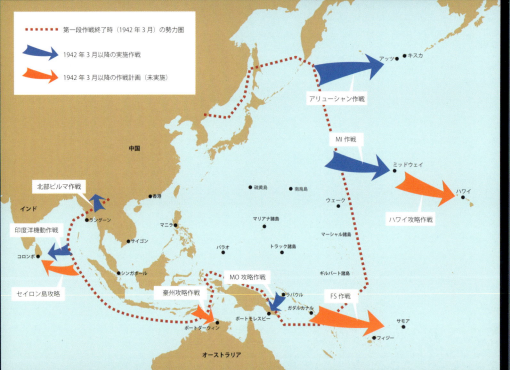

1941年3月、西太平洋における日本海軍の最大進出線 ▲いわゆる第一段作戦が終了した時点での日本の勢力圏とその後に実施された攻勢、ならびに計画された作戦を図示する。それは、拠点を防衛するための前進拠点を作り続けるという泥縄的戦略であった

壊滅したが、後続の主力艦隊は無傷である。優秀な戦艦以下、主力艦隊の火力を持ってミッドウェイを攻略し、アリューシャン作戦を縮小して作戦を継続することはできなかったのか？ また自慢の水雷戦隊による夜戦の腕前もまだ発揮されていない。実際、夜戦を強行し、作戦を継続しようとの議論も行なわれた。もし2隻、あるいは1隻でも日本側に空母が健在であれば、作戦は強行されたであろう。しかし結局、航空優勢が失われた状況での作戦継続は困難とされ、5日深夜に作戦はすべて中止された。

こうして海軍の誇りである長門、陸奥を従えての戦艦大和の初陣は、南雲艦隊の生存艦を収容後に、むなしく引き上げるほかないという結果に終わったのである。

だが、こうした日本側の不戦の主力艦隊を見るよりも、7隻まで戦艦の陣容を回復していながら、最初からミッドウェイ海戦には投入せずに、西海岸の拠点にとどめおいていたアメリカ太平洋艦隊のニミッツ提督の判断こそが、この時期の海戦の姿を的確に捉えていたのではないだろうか。

■ガダルカナル島攻防戦
　南方攻略を完了した日本軍の最終的な目的は、アメリカとオーストラリアの連絡を遮断して、後方拠点となりうるオーストラリアを孤立させることであった。オーストラリアに兵站基地が作れなければ、アメリカ軍は兵士や物資を継続して前線に送ることが難しくなる。

　これを実現するために日本が目を付けたのが、ソロモン諸島とその東端に位置するガダルカナル島（ガ島）であった。当時はイギリスが統治していたが、守備隊は存在しないも同然であり、ここをわずかな戦力で占領した日本軍は、海軍設営隊を派遣して飛行場の建設を急いだのだ。ここに飛行場が完成すれば、隣接するツラギの水上機基地と連動して、さらに占領地をフィジーやサモア方面まで拡大する計画であった。ミッドウェイの敗北でこの構成案は消滅したが、ガ島での拠点建設は続けられた。

　このガ島にアメリカ海兵隊が上陸してきたのは、1942年8月7日のことであった。微弱な抵抗を蹴散らして上陸に成功したアメリカ軍は、完成間近の飛行場をそっくり手に入れてしまったのである。ここに史上名高いガダルカナル攻防戦が発生する。

　この段階まで太平洋戦争は日本のイニシャティブのもとに推移してきた。ドゥーリットルの東京空襲はアメリカ主導の奇襲であり、これに釣りだされて性急にミッドウェイに突っ走ったわけだが、作戦を発動したのは日本側であり、アメリカは反撃に成功したという形である。

　しかしガ島は初めてアメリカ軍が主体的に実施した反攻作戦であり、この戦い以降、敵の出方を見て日本が反撃戦力を投入するというパターンが変わることはほとんどなかった。これは機動部隊喪失の大きなマイナスであった。

　とはいえ、日本艦隊はいまだ健在であった。「敵海兵部隊ガ島に上陸ス」との報に接した三川軍一中将の第八艦隊は、すぐさま重巡5隻、軽巡2隻、駆逐艦1隻をかき集めるとラバウルを出撃し、8日深夜にはガ島北岸のエスペランス岬沖からガダルカナル水道に突入した。

　上陸部隊と輸送船団を支援していた米艦隊は、重巡6隻、軽巡2隻駆逐艦8隻と戦力では優勢であったが、夜戦のために猛訓練を積んでいた日本艦隊の敵ではなく、重巡4隻が撃沈されるという一方的敗北を喫した。しかし反撃を懸念した三川提督が敵輸送艦隊を叩かなかったために、日本軍はガ島上陸の阻止に失敗してしまう。結果論ではあるが、この判断ミスによりガ島攻防戦の長期化は避けられなくなった。

　ガ島が米海軍との決戦の焦点になると判断した山本長官は、中部太平洋の拠点であるトラック島に連合艦隊旗艦の大和と戦艦陸奥、そして金剛型4隻すべて、計6隻の戦艦を集結させて、自らガ島奪回を指揮する構えを見せた。

　この間の8月5日、二号艦すなわち武蔵の竣工引渡し式が挙行され、起工から4年4ヶ月あまりを費やしてついに完成した。この日から、軍艦旗を翻したこの戦艦は、正式に武蔵と命名されたのである。

■ガ島をめぐる戦艦の戦い
　ガ島周辺では一進一退の攻防戦が続いたが、消耗と補給が日本軍を苦しめだした。特に連日のようにラバウルから出撃していた海軍航空隊は、獅子奮迅の活躍を見せながらも米軍の増強を止める力にはならず、陸軍の逆上陸による奪還作戦も失敗していた。

　業を煮やした連合艦隊は、戦艦金剛と榛名の2隻を投入して、ガ島のヘンダーソン飛行場を艦砲射撃することを決めた。山本長官はこれに大和も投入しようとしていたが、敵航空機の脅威がない夜間に作戦を実施するには速度が足りず、高速戦艦の2隻だけで実施することになったのである。

　10月13日未明にガ島のルンガ泊地に突入した金剛と榛名が、1時間30分にわたり艦砲射撃を実施した結果、ヘンダーソン飛行場は壊滅状態となった。これを見て欣喜雀躍した陸軍は、10月24日に総攻撃に出た。しかしこの時の艦砲射撃は飛行場しか対象としておらず、敵防御拠点はほぼ無傷であったために、陸軍の攻撃は失敗した。

　これに前後して、第二次ソロモン海戦（8月23～25日）と、南太平洋海戦（10月26日）の二度、空母機動部隊による海戦が発生している。特に南太平洋海戦では空母ホーネットが失われ、エンタープライズも中破したため、米機動部隊は一時的に稼働空母がない状態となっていた。

　日本側も無事では済まず、空母飛行機隊の損害が大きすぎて継戦能力を失っていた。しかし連合艦隊司令部は、戦果拡張のために再度ヘンダーソン飛行場を叩くことを決意した。先の成功にならい、今度は比叡と霧島を挺身攻撃隊として投入した。

　阿部弘毅中将率いる挺身攻撃隊は、11月12日未明の泊地突入を図ったが、これは敵巡洋艦隊に発見されてしまう。阿部提督は当初の艦砲射撃作戦を断念して、敵艦隊との夜戦に突入した。

　この乱打戦でアメリカ側は軽巡2隻、駆逐艦5隻を失い、無傷の艦が見当たらないほどの痛手を負った。いまだ、水上打撃戦における戦艦の威力は圧倒的であった。しかし友軍艦隊のために探照灯照射を引き受けた比叡は、敵艦隊の集中砲火を浴びる結果となり、海戦が終わったときには上部構造が崩壊、舵も壊れていたために、自沈処分とされた。

　比叡は太平洋戦争における日本の最初の喪失戦艦となったわけだが、連合艦隊は水上戦闘の戦果そのものは大と判断して、14日に再度、戦艦霧島と2隻の重巡を中核とする挺身攻撃隊をルンガ泊地に突入させた。これに対して、アメリカ側も不退転の決意で虎の子の戦艦ワシントンとサウスダコタを投入して迎え撃った。

14日深夜、戦闘はまず、前衛の駆逐艦隊同士で発生し、ここでも夜戦巧者の日本艦隊が勝利した。その直後に敵戦艦2隻が投入されると、日本駆逐艦隊は退避を強いられたが、挺身攻撃隊を率いる近藤信竹中将は、これを敵巡洋艦であると誤認して強行突撃し、距離6000mで戦艦サウスダコタと撃ち合いになった。サウスダコタは軍縮条約が失効してから建造された最新の16インチ砲搭載艦である。対する霧島は艦齢20年を超える老朽艦で、防御力も不足していたので、分が悪かった。しかし近代的戦艦の砲撃戦としては例外的な近距離では互いの砲弾の威力がすさまじく、上構を破壊されたサウス・ダコタは、たまらず戦場を離脱した。

だが、この戦いは島影に隠れていた戦艦ワシントンのレーダーによりはっきりととらえられていた。サウスダコタの離脱後に、レーダーで霧島をとらえたワシントンは、8000mの距離から滅多打ちにして、10分に満たない戦闘で霧島を撃沈に追い込んだのである。

この第三次ソロモン海戦により、アメリカは多大な損害を受けたが、ガ島と米豪連絡線の保持に成功し、日本への反撃の足場を固めることができた。一方の日本は、戦艦大和まで進出させながらも一度も決戦に投入できず、ガ島奪回にも失敗して、ついに1942年暮れに同島からの撤退が決まった。

ガ島攻防戦は両軍ともに最新鋭戦艦を投入しての戦いとなったが、遂に大和は真価を発揮するチャンスをつかめなかったのである。

■戦艦武蔵の登場

8月5日に竣工した武蔵は、1942年いっぱいを瀬戸内海での訓練に明け暮れていた。12月28日には周防灘で主砲斉射試験が行なわれ、射撃結果は良好も、衝撃で電波探信儀が破損するなど、完全に戦力化しているとは言えない状態であった。

しかしガ島失陥という危機にあっていつまでも武蔵を国内にとどめるわけにはいかない。翌1943年1月15日には、武蔵は連合艦隊主隊に編入されて、トラック島に出航。2月11日には大和から連合艦隊旗艦の座を譲られたのである。

この頃、ソロモン諸島をめぐる戦局は航空戦に移行していた。山本長官は再建中の空母飛行機隊まで陸上基地に回してラバウルに艦隊司令部を移し、1943年4月に航空決戦「い号作戦」を発動したが、目に見える効果はなかった。山本長官は士気の鼓舞のために、精力的に前線視察をしていたが、4月18日に移動中を敵機の待ち伏せに遭い、ブーゲンビル島上空で乗機を撃墜されて戦死する事件が起こる。

長官の遺体は現地で荼毘に付されたが、この遺骨を内地に持ち帰るというのが、武蔵の初めての任務であった。

1943年後半は、互いに戦力の整備に努めていたため、戦局で大きな動きはなかった。武蔵も長官の遺骨輸送に続き、内地で整備と訓練に時間を割く。8月にトラック島に再進出すると、残った戦艦群とともに周辺海域の警戒任務にあたったが、大きな戦闘は発生しなかった。

しかし1944年に入ると事態は急変した。アメリカ艦隊は新規戦力としてエセックス級空母やアイオワ級戦艦を投入し、マーシャル、ギルバートの両諸島を攻略。2月17日からはトラック島が大空襲にさらされて、拠点機能を喪失した。

連合艦隊主力はパラオに退避して背水の陣を敷いた。1943年9月30日の御前会議で設定した絶対国防圏に来寇するであろう敵に対して、迎撃態勢を敷いたのだ。

ところが武蔵は3月29日にパラオ環礁周辺を航行中に敵潜水艦の雷撃を受けてしまう。損傷は軽微であったが、呉への回航を余儀なくされた。そしてようやく5月、反撃作戦準備のために、南洋に向かって出航したのである。

■マリアナでの敗北

1944年5月の時点で、連合艦隊はアメリカ軍の将来の侵攻路について、ニューギニア北西部のビアク島か、中部太平洋のマリアナ諸島のいずれかであろうと予測を立てていた。そこで、両方からの最短距離となるリンガ泊地に主力艦隊を終結して待ち構えていた。

5月26日、遂に敵上陸部隊がビアク島に進出してきた。連合艦隊は逆上陸部隊を同島に送り込んで反攻作戦の主導権を奪回すべく、「渾作戦」を発動して、戦艦扶桑以下、重巡3隻、軽巡2隻を中核とする阻止艦隊を派遣した。しかしアメリカ軍の抵抗は激しく、第三次作戦では大和と武蔵、および重巡3隻の強力な水上打撃部隊を送り込もうとした。最強の戦艦の火力で一気に決着をつけると同時に、いまだ所在不明の敵機動部隊主力を誘引して、これを再建なった我が機動部隊で迎撃しようとかかったのだ。

しかし作戦準備中の6月13日に、マリアナ方面に敵機動部隊が襲来し、上陸作戦を開始したことで渾作戦は宙ぶらりんになった。はじめからアメリカ軍にとってビアク島上陸は主攻正面ではなかったが、連合艦隊司令部は読み間違えて振り回されていたのだ。

マリアナ攻略作戦に投入されたアメリカ軍の戦力は、レイモンド・スプルーアンス提督の第5艦隊で、正規空母7隻、軽空母8隻、戦艦7隻を中核に、支援用の船も含めて100隻を超える大艦隊であった。これに立ち向かう小沢治三郎中将の機動部隊は、歴戦の翔鶴と瑞鶴に新鋭の装甲空母大鳳を加えた空母9隻という、日本史上最大の第一機動艦隊機動部隊であった。

日本側の作戦は航続距離に優れた攻撃機群を使って敵攻撃部隊の行動圏外から攻撃を加えるアウトレンジ攻撃により海戦の主導権を握り、敵前衛の空母部隊を撃破するというものであった。しかし搭乗員は離着艦さえやっとの技量未熟な若年兵ばかりであり、経験豊富なアメリカ軍戦闘機パイロットに手もなく撃墜された。どうにか敵のエアカバーをかいくぐって敵艦隊に肉薄しても、今度は新兵器のVT信管を使った砲弾の弾幕効果で次々に撃墜されてしまったのだ。

結果、スプルーアンス艦隊はほぼ無傷であり、手足をもがれて丸裸になった小沢機動部隊は6月20日、一方的な猛攻にさらされて空母飛鷹が沈没、(大鳳と翔鶴は6月19日に敵潜水艦の伏撃にあって沈められていた)、500機近かった艦載機、作戦機のうち350機以上を失うという大敗を喫して終わった。対するアメリカの損害は、艦載機だけでもこの十分の一ほどであった。

マリアナ沖海戦が終結した1944年6月20日は、帝国海軍の事実上の命日となった。絶対国防圏が破られ、日本にとって有利な戦争終結が望み得なくなった海軍の手元に残るのは、大和と武蔵を含む、ほぼ無傷の戦艦群だけとなっていたのである。

▶1943年2月、完熟訓練を終えた武蔵はいよいよトラック泊地へ前進し、大和から連合艦隊旗艦の座を譲り受ける。しかし、その初の任務は皮肉にも戦死した山本五十六大将の遺骨を内地へ送り届けることであった。写真は1942年7月頃、瀬戸内海で撮影されたもので、主砲の右には作業用の建物がまだ建ったまま。この艦橋トップの測距儀カバー上に二一号電探が搭載された
（写真提供／大和ミュージアム）

大和型戦艦の模型作例ではカタパルト上にたいてい零式観測機、通称「零観」が載っている（零式水上偵察機の場合もあるけどネ）。ここで、武蔵発見のニュースとほぼ同時に発売されたハセガワの「武蔵搭載機」仕様デカールキットをご紹介。さて、零観ってどんな機体だったんでしょうね？

三菱 F1M2 零式水上観測機 11型 "武蔵搭載機"
ハセガワ　1/48　インジェクションプラスチックキット
製作・文／だごれっど

戦艦の砲撃戦を陰で支える「空の上の力持ち」零観

パッケージアートのような「光」を意識した塗装で仕上げる

　零観は翼間支柱が少なく、複葉機としては製作難度は低めです。コクピットはシートベルトを追加した以外はキットのまま。立体的なモールドなので塗り分けてデカールを貼るだけで充分です。フロートは前部にオモリを入れて組み立て、主翼は上翼と下翼が平行になっていないとカッコ悪いのでしっかり仮組みし、上翼と各フロートは塗装後に接着して仕上げています。
　塗装は箱絵をイメージし、光の濃淡を意識しました。まずガイアカラーのNAZCAメカサフHEAVYを吹き、同じくNAZCAメカサフLIGHTを光のあたる個所に吹いて、下地の時点でメリハリをつけます。そのあと基本色で塗装しますが、下地の濃淡を透かすよう意識します。油彩画などの「グリザイユ」や、はAFV模型の「ブラック＆ホワイト」に近い技法です。さらに基本色にクリーム色やグレーを加えた色を上から吹き、濃淡を強調しました。マーキングは敵味方識別の黄帯を塗り分けた以外はすべてキットのデカールです。乾燥後に半ツヤクリアーコートでデカール面を保護し、ウェザリングします。零観は塗装ハゲがあまり見られないようなので、控えめにしました。そのぶん、機体下面に排気煙や油汚れをつけてアクセントとしています。

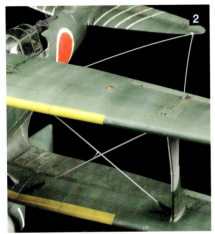

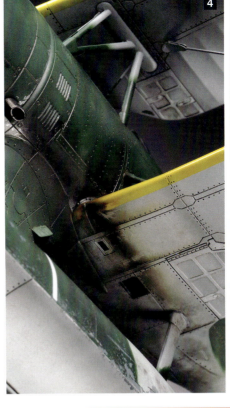

[1]光がいちばん強くあたる上翼はかなり明るめに塗装。また、前後方向にスジをつけるなどして、箱絵をイメージした絵画的な表現としている。[2]張り線は単純な丸断面ではなく空気抵抗低減のため流線型。純正エッチングパーツを使うのがいちばん手軽だが、形状にこだわる方は伸ばしランナーなどを使いさらなる再現を目指そう。[3]コクピットがオープンなため、内部がよく目立つ。ここはていねいに作っておこう。[4]排気汚れはAKインタラクティブ製塗料などを使用して表現。上面の濃緑色ほど変化のつけられない下面のアクセントとした。[5]主フロートには水しぶきが当たると思われるところを中心に塗装ハゲを追加。基本塗装後に上から描き込んでいる

武蔵に搭載されていた水上機が限定品として発売！

■ベースとなったキットは2009年に完全新金型で発売されたもので、1/48インジェクションプラスチックキットとしては唯一の零式観測機である。南方で発見された実機の残骸から得られた情報をもとに追加された後部座席風防といった最新考証や、はっきりした帆布張り表現がなされた薄い主翼など、まさに零観キットの決定版である。今回作例に使用したのはそんなキットのデカールを武蔵搭載機に変更したもので、「武蔵発見！」の第一報が入った翌月（2015年4月）という最高のタイミングで発売されたものだ。尾翼の機体番号デカールは考証の違いにより白色と水色の2色が入っているほか、ボーナスとして大和搭載機や長門搭載機の機体番号も入っており、下のコラムで触れられている「武蔵に搭載された長門搭載機（ややこしいな）」も製作可能だ

零観はなぜ戦艦に搭載されていたの？

　20世紀の海戦の主役はなんといっても戦艦だ。日露戦争や第一次世界大戦の戦訓がそれをあと押しするかたちとなり、戦間期においても世界各国の海軍ではより大きな船に、より大きな大砲を積む……いわゆる大艦巨砲主義が絶対的な立場を占めていた。

　戦艦に限らず、コンピュータによる射撃管制がない20世紀前半までの大砲の射撃は、まず測距データに基づいて第1斉射を行ない、その弾着結果から俯仰を修整し第2斉射、さらにその結果を修整して第3斉射で命中弾を得るというしくみである。

　ところが、主砲の性能向上により射程距離がだんだんと延伸していくと、ついに射程距離は水平線をこえ、艦橋上から弾着が目視観測できないという事態に直面する。艦橋の最上部にある測距儀や方位盤から水平線の向こう、敵艦のマストがぼんやり見える距離がおよそ3万mといわれたが、長門型の41cm砲で3万8000m超、大和型の46cm砲にいたっては4万2000mだから、最大射程では目標をとらえることすら困難だ。

　そんなわけで、戦艦の艦尾から有人観測気球を掲揚して視界を広げる方法が試みられたことがあったが、やがて航空技術の発達により、昭和の初めの頃には水上機を自艦からカタパルトなどで発艦させて敵艦上空に張り付かせ、弾着を観測させようという考えに落ち着いた。

　こうして三菱重工に開発の指示がなされたのが「九試観測機」改め零式観測機（本来名称には"水上"はつかない）である。本機が一部を除いて金属製ながら複葉という古色蒼然たる機体型式なのは、こうした観測任務で敵艦隊の上空を飛ぶ際に同等の性能を持った敵の観測機や、はたまた敵の戦闘機と戦うこともありうるということで運動性を高める目的だった。九〇式水上偵察機や九五式水上偵察機など、それまでの二座水偵が中国空軍との戦いで敵機を撃墜したことなどがその裏付けとなったと思われるが、実際に太平洋戦争がはじまると、本来の弾着観測という舞台はほとんどなく、水上機母艦などに搭載されての対潜哨戒や三座水上機の護衛、船団護衛での敵陸上機との空戦など、二座水偵的な役割で大活躍することとなった。

　なお、レイテ沖海戦時、大和、武蔵は自艦の3機の零観に加え、長門搭載機をそれぞれ1機ずつ搭載している。これは砲戦の際に艦上にむき出しの長門機が破損するのを避けるためだった（大和型では艦内にしまえるからね）。

（文／吉野泰貴）

①艦橋から見える水平線までの距離はおよそ3万m

▲主砲の射程が3万mを超えるようになると弾着は水平線の向こうとなり、艦橋トップでも目標が見えない事態となった

②そこで敵艦上空へ張り付く観測機の登場

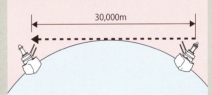

「第1斉射、遠弾500m〜」
「第2斉射、近弾300m〜」
ナドナド……

▲弾着を観測し修整射撃を行なうための数値を知らせるのが零観の任務。空戦性能を備えたのは敵艦上空で敵機と戦うためだ

大和型戦艦、斯く戦えり
後編

1944年10月レイテ沖海戦
文／宮永忠将

1944年7月のマリアナ決戦に敗れた連合艦隊は、米軍の来攻を見た10月18日にいたり、フィリピン決戦を意味する捷一号作戦を発動、水上艦艇を主力とする前時代的な艦隊をもってレイテ島への殴り込みを画策した。ここで武蔵最後の戦い、そして大和の咆哮を見てみよう

1944年10月、ブルネイ泊地に終結した第1遊撃部隊の艨艟たち。中央が第1戦隊旗艦の大和（手前に最上が重なって見えている）、右奥が武蔵と思われる
（写真提供　大和ミュージアム）

■日米両軍のレイテへの道

マリアナ沖海戦に敗北した日本軍は、すぐに反撃作戦の検討に入った。しかし実質的に無傷の敵機動部隊が相手では、戦力面でも戦術面でも対抗手段はなく、手をこまねいている間に、7月7日、サイパン島が陥落してしまった。

戦略の根本的な変更を強いられた日本は、次の敵上陸作戦に対応して大反撃を加えるという基本方針のもと、7月いっぱいをかけて捷号作戦を策定した。

この時期、というよりソロモン諸島の戦い以降、日本の対米戦はすべて敵の出方を予想して、これに戦力を集中させて叩くというのを作戦の骨子としていた。マリアナ沖海戦につながる「あ号作戦」も、基本的には同じである。

西太平洋の要衝、マリアナ諸島が陥落したことで、次のアメリカの来寇地点はフィリピンから台湾、南西諸島ばかりでなく、本州や北海道への陽動作戦まで警戒しなければならなくなった。アメリカはこれまでの占領地を拠点として、どのエリアも同じように攻撃できる態勢になったからだ。

そこで大本営は、半壊した機動部隊に代わり、基地航空隊に反撃戦力の役割を期待した。敵がいずれかに上陸してきたら、まず基地航空隊が敵機動部隊を叩き、麻痺している敵に向かって、間髪入れずに水上打撃部隊が進出して敵上陸部隊の輸送船団を撃破する。これが捷号作戦の狙いであった。敵上陸戦力が壊滅すれ

ば、アメリカの世論は停戦へと動くだろう。航空決戦ではなく、水上艦艇の戦いで決戦を挑み、すこしでも有利な状態で講和に持ち込もうと考えたのである。

一方、アメリカの事情も複雑だ。1944年秋の時点で連合軍の勝利は確実であった。こうなると戦後をにらんだ政治的な動きが活発になる。アメリカ軍内部でも指揮権と戦力の奪い合いが発生していた。これにヨーロッパ遠征軍との戦力バランスや、中国との関係、そして翌年の大統領選挙の思惑も加わると、軍事作戦は純軍事的な発想ばかりを追求できなくなる。

純軍事的に見ると、台湾、そして対岸の中国本土を攻略する案と、フィリピンを先に陥落させる二つの案がせめぎ合っていた。前者は日本を南方資源地帯から切り離して、戦争の早期終結が狙えるが、反撃リスクが大きい。対してフィリピン攻略は策源地からも近くて安全な攻略対象であるが、日本軍に与える打撃は小さく、本土防衛の準備時間を与えてしまう可能性があった。

この時、南西太平洋方面最高司令官の地位にあったダグラス・マッカーサー大将はフィリピン攻略に固執していた。開戦時にフィリピン軍元帥でありながら逃げ出した後ろめたさという、マッカーサー個人の事情があったが、大統領としても翌年の選挙を考えると、国民に人気があるマッカーサーの意見を無視するわけにもいかない。結局、リスクを避けるという方針の下で、「マスケティ

ーア作戦」と名付けられたフィリピン攻略が、アメリカ軍の方針として決定されたのであった。

総指揮はマッカーサーで、この支援にウィリアム・ハルゼー大将の第3艦隊と、トーマス・キンケイド中将の第7艦隊があたる。ただし、高速空母機動部隊中心の編成である第3艦隊は、太平洋艦隊司令長官のニミッツ提督の指揮下にあった。

■大和と武蔵の決戦準備

戦争中に竣工した大和、武蔵の両艦は修理などで帰投した際に幾度か改装を施している。

大和の場合、1943年12月25日にトラック島北方で敵潜水艦の雷撃が三番砲塔右舷付近に命中するという事故があった。これを修理するために翌年一月末には呉のドックに入ったが、この時に浸水をコントロールする目的で、水密隔壁を新たに追加する改修工事が行なわれた。また対空兵装の強化のために、両舷の副砲塔を撤去して、高角砲6基と対空機銃を増設している。我々が一般に知る姿の大和に近づいたのは、この改装工事後のことである。

武蔵も1944年3月29日に潜水艦から雷撃された損傷部位を呉工廠で修理する際に、両舷の副砲塔を撤去されている。この工事では高角砲の装備は間に合わず、25mm三連装機銃18基をはじめとする対空機銃と電探設備を増設した。またマリアナ沖海戦後に呉に帰投した際には、両舷の煙突脇に十二糎二十八連装噴進砲が増設されたとも言われている。

いずれにせよ、7月中旬にリンガ泊地に到着した武蔵は、大和および長門と第一戦隊を編成し、戦闘時の火災類焼を防ぐために、艦内の塗装および床面のリノリウムをすべて剥離した。防火対策は可能な限り徹底し、すべての動かせる可燃物が艦内から撤去されている。これにより、武蔵の艦内は鋼鉄の地肌がむき出しの、見ようによってはまがまがしい姿となった。

8月12日には新しい艦長として猪口敏平大佐が着任し、以後、一ヶ月間を第一戦隊としての訓練に明け暮れていた。

そして9月10日には敵のフィリピン方面侵攻の動きが活発になったことから捷一号作戦警戒下令となり、シンガポールを経由して18日にはブルネイに向けて出航した。この日、ついに捷一号作戦発動が下令されたのである。

■捷一号作戦、発動

9月になると、米機動部隊はフィリピン、台湾、南西諸島方面に威力偵察的な攻撃を加えて、日本軍の防備を確かめた。その間にフィリピン攻略の足がかりとなるレイテ島上陸作戦の準備も着々と進み、投入艦艇の規模は700隻を超えるものとなった。

10月10日には第3艦隊から延べ400機による台湾への本格的な攻撃が実施された。レイテ上陸の牽制、攪乱であると同時に、日本陸海軍の航空兵力を決戦前にすりつぶして置こうという狙いだ。

連合艦隊はこれに鋭く呼応し、

レイテ沖海戦
1944年10月23日～25日

▶捷一号作戦は航空兵力を失った日本海軍が、残された水上艦艇をもって戦いに挑むものであった。強大な敵空母機動部隊を決戦場から遠ざけるために投入されたのが満足な搭載機のない小澤艦隊であり、その隙をついて第1、第2遊撃部隊が突入を試みるもの。その緻密な連繋ができなければ、各個撃破されることは容易に予想ができた。なお、基地航空部隊による対艦特攻作戦が始まったのもこの戦いからである

10月12日未明に台湾東方海域で米機動部隊主力を発見すると、ついに敵機動部隊攻略用に特別編成していたT攻撃部隊に出撃を命じた。いわゆる台湾沖航空戦の開始である。

南九州から出撃したT攻撃部隊は、激しい消耗を重ねながらも、沖縄やフィリピンの航空部隊と連携して連日出撃を続け、16日までの累積の戦果は空母19隻撃沈、戦艦4隻を含む45隻を撃沈破するという大戦果が報じられたのであった。

ある程度の重複や誤認はあるとしても、おおむね敵機動部隊は撃滅されたと日本軍は評価した。航空反撃による未曾有の勝利に日本側は勢いづいた。続く水上打撃部隊の決戦は、戦局の再転換につながるものとなるだろう、と。

だが、これは誤報であった。米軍の損害は巡洋艦2隻大破、軽空母1隻小破だけで、航空機の損害も80機あまりに過ぎず、日本側は312機の損害を被って、捷号作戦に使用すべき掩護能力を失ってしまった。搭乗員の練度低下や戦局の悪化が捜索技術にも及んでいたため、このようなミスにつながったのだ。しかし、もともと日本海軍は対米戦において、侵攻してくる敵主力艦隊を漸減邀撃で消耗させ、日本近海での決戦で一挙に叩くという構想を温め続けていた。だから状況は違うとはいえ、台湾沖航空戦にかける期待が大きくなりすぎて、このような誤報を信じてしまったともいえるだろう。

以降、日本はこの誤報を元に捷一号作戦、すなわちレイテ作戦を組み立てることになる。途中、台湾沖航空戦の大戦果が誤報であったことに気づきはしたが、敵航空戦力の消耗は疑いなしとして、作戦が強行されたのであった。

捷号作戦の狙いは、レイテ湾に蝟集するアメリカ軍上陸船団の撃破である。ここに大和、武蔵を中心とする戦艦群を突入させるために、海軍の残存戦力を根こそぎ動員するという、後先を考えない決戦構想に日本海軍は賭けたのだ。

作戦の主軸となるのは第一遊撃部隊のうち大和、武蔵以下戦艦5隻を擁する第一、第二部隊で、ブルネイを出撃したこの主力艦隊が、フィリピン西側のパラワン水道を北上、シブヤン海を通過してサマール島を回り込み、時計回りにレイテに突入する。また、これに先立ち、西村祥治中将の第三部隊がスルー海、ミンダナオ海を通過して南からレイテ湾を突き、敵戦力を分散、ないし消耗させておく。

もっとも危険な第3艦隊第38任務部隊の高速空母群については、小澤提督が機動艦隊を率いてルソン島北方にこれを誘引し、栗田艦隊への空からの圧力を減らすという陽動作戦も加えられていた。

■海中と空からの襲撃

10月22日0800時、栗田艦隊は集結地点のブルネイを出撃して、午前中のうちにパラワン水道の南側入り口付近に到達した。1800時には西村艦隊もブルネイを出撃した。

しかし栗田艦隊の動きは、23日に日付が変わった直後には敵潜水艦ダーターにキャッチされていた。密かに栗田艦隊を追尾したダーターは、明け方に雷撃を実施して、艦隊旗艦をつとめていた重巡愛宕に4本命中する。愛宕は沈没し、別に2本が命中した重巡高雄も落後してしまった。

艦隊旗艦を失った栗田提督は大和に司令部を移した。この結果、大和の司令塔には第一遊撃部隊司令部と、同第一部隊司令部が同居することになった。指揮の統一では理想的かもしれないが、作戦早々に不吉な滑り出しである。

もっとも潜水艦の脅威はこれにとどまらなかった。ダーターと呼応したダースの雷撃により、今度は重巡摩耶が命中4本を受けて轟沈したのである。出撃から丸一日で重巡3隻を失った将兵は、作戦の前途の多難に、ただただ気を引き締めて臨むよりなかった。

潜水艦の脅威が去ると、次の脅威が空から来襲した。ダーターの報を受けた第3艦隊の攻撃機が、夜明けを待って栗田艦隊に襲いかかったのだ。栗田艦隊は攻撃を見越して0743時には防空戦闘の輪形陣になっていたが、第一次空襲の45機が艦隊上空に現れたのは1000時過ぎてのことであった。

この攻撃による被害は艦隊の多岐にわたるが、ここでは武蔵に集中して追っておこう。

2個の輪形陣を組み、18ノットで航行していた栗田艦隊は、右一斉回頭を実施した。この結果、大和の右後方に占位していた武蔵が主力艦の中で先頭となり、もっとも目立つ攻撃目標となった。

この第一次空襲でまず最初に武蔵を狙ったのは17機で、武蔵は左右両舷に2発ずつの至近弾を得て、艦首水線付近に浸水が発生した。また1番主砲塔の天蓋に60kg爆弾1発が命中したが、被害はなかった。

だが、爆撃に続く雷撃により、武蔵は最初の被害を受ける。3機の雷撃により右舷のF130（Fは船体のフレームの意味で、被害場所を明確にするため事前にフレーム位置に対応する番号が白ペンキで書かれていた）に命中した。これで第7、第11缶室の鋲が緩んで若干の浸水を生じている。武蔵は一時、右側に5度以上の傾斜を生じたが、注排水処理で1度にまで回復した。

さい先は悪かったが、この被害は武蔵の航行に影響はしなかった。魚雷3発の命中を受けても基本的機能を失わないというのが武蔵の設計時の要求であったことからすると、予想範囲内の被害でもあった。

37

▶1942年7月頃に撮影された武蔵の艦橋ほか中央部。先述のように自艦の主砲発砲の衝撃に備え、およそ全ての部分にシールドが施されていたが、実際には多数の敵航空機と対峙しなければならなかった。10月24日の空襲ではそうそうに主砲方位盤が台座から脱落、戦力を半減することとなっている。

（写真提供／大和ミュージアム）

しかしこの被雷による衝撃で前部主砲方位盤が台座から脱落して損傷し、使用できなくなっている。これにより水上戦闘能力を大きく減じたのは、レイテ突入を考えると無視できない被害であったと言えるだろう。

■被害担当艦となった武蔵

1200時前後から、空母イントレピッド艦上機による第2次攻撃が始まった。8機のSB2Cヘルダイバー爆撃機と9機のTBM-1Cアベンジャー雷撃機の攻撃は主に大和と武蔵に集中したが、武蔵には爆弾2発と魚雷3本が命中したのである。

爆弾は450kg半徹甲爆弾で、左舷艦首付近の兵員室とF138の左舷4番高角塔付近に命中すると、ともに最上甲板と上甲板を貫通して中甲板で炸裂した。この時、高角砲付近の命中弾は、調理釜や洗濯で使用する蒸気を通すパイプを破壊し、二つの缶室と第2機関室に高温の蒸気が吹き込んで使用できなくなった。さらに同じ機関室がF145付近の被雷により浸水も発生し、これにより左舷側の内側の軸が動力を失い、以後、武蔵は三軸でのバランスの悪い航行を強いられた。

またもう一弾の命中では外板が外側にまくれ上がって、浸水被害と同時に大きな抵抗を生み出し、武蔵の航行能力を奪うことになった。

この攻撃では命中魚雷はすべて左舷に集中し、いずれもバイタルパートに含まれるF80、F110、F145付近で炸裂した。この被雷による浸水被害のほどははっきりしないが、後に弾火薬庫の室温が上昇したため、前部主砲弾火薬庫が注水されている。

第二次空襲は多くの浸水を発生させ、武蔵は左舷側に5度傾いた。のちの注排水作業で1度の傾斜にまで回復させるのに成功し、かつ一定の戦闘力を有していたのは、さすがと言うより他にない。

しかし、目に見えて被害は深刻になっていった。艦首が浸水により大きく沈水して、艦の釣り合いが崩れたために、武蔵は増速が危険となった。結果、速度を上げた艦隊から武蔵は落後した。そのタイミングで第三次空襲が発生する。

日本側の記録では1331時に始まったとされる第三次空襲は大きく前後二波の攻撃であったが、これで武蔵は大被害を受ける。第一派13機（うち攻撃機11機）の攻撃は、右舷F60への被雷のみであり、測距室への浸水が見られた。直接の被害は軽微であったが、艦首付近の抵抗がさらに増加し、機動性に顕著な悪影響が出だしたと考えられる。

だが深刻なのは第二波だ。この攻撃で武蔵は爆弾4発、魚雷4本の命中を受けて大破したからだ。

戦艦は航空爆弾程度の破壊力では沈まない。しかし、今回の命中弾のうち2発は左舷艦首付近に集中していた。これで先の被害と合わせると艦首付近の水密構造は破壊し尽くされてしまい、沈下が進んで艦首の最上甲板は海面すれすれになっていた。

被雷損害を見ると、第一次空襲の命中箇所である右舷F130付近にふたたび魚雷が命中したため、先のダメコン処置がすべて破壊されたうえ、隔壁が各所で破れたり、ゆがん

だりして、艦内への浸水が増大した。

武蔵は一連の被害の蓄積により、左舷側から今度は右舷側に傾斜するようになっていたが、右舷側の排水を急いで均衡させることができた。しかし計9本の被雷により、武蔵のダメコン能力も限界に達しつつあり、武蔵の応急処理能力は限界に達していた。艦隊司令部は武蔵に帰投を命じたが、ここから武蔵の孤独な戦いが始まることになる。

■めった打ちにされる戦艦武蔵

第3艦隊による空襲はなおも続いていたが、第四次空襲では満身創痍で落後した武蔵は後回しにされ、攻撃は栗田艦隊主隊に振り向けられた。武蔵には数発の爆弾が投下されたが、いずれも至近弾にとどまっている。

だが1515時から始まる第五次空襲は、延べで100機に迫る規模となり、攻撃もほとんどが武蔵に集中した。攻撃前の段階で、武蔵は孤立して他の艦からの防空支援がないこと

に加え、すでに艦自体が火力、機動性の両面で有効な手を打てないほど被害が悪化していた。結果として、武蔵はめった打ちと言っていいほどの状況に陥り、さらに爆弾8発、魚雷9本が命中している。

今回の攻撃では、被弾箇所は艦の前方に集中していた。攻撃側としても、艦首の沈下具合からこの付近が弱点であると見抜いたと思われ、攻撃を引き寄せたのだろう。

爆撃では、艦橋への命中弾で作戦室などが大破し、猪口艦長が負傷している。爆撃で戦艦は沈まないとはいえ、頭脳部への被害は艦全体の戦力低下を招く危険性が大である。

また右舷F75付近への命中弾により艦橋の後背部が崩壊し、多くの対空機銃座が無力化されたが、この時、最上甲板に縦方向への大きな亀裂が生じている。これまでの被害の蓄積で船体にかかっていた大きなストレスにより破断したものであろう。

9本の命中魚雷のうち5本は艦の前半部に集中し、特に右舷側に命中

した2本の爆発で、かろうじて保たれていた艦首付近の浮力はほぼ消失した。

またF140付近の被雷により、これまでダメージを受けていたアーマ一部のゆがみが拡大し、いよいよ船体に直接損害が及ぶようになったようだ。この時の攻撃で機銃弾庫に浸水が発生するが、これは艦の状態が健全であれば、浸水が及ぶような場所ではないからだ。第4機関室も浸水し、これで武蔵の左舷側2軸が停止し、右舷側二軸でのみの航行となった。

武蔵の傾斜は、戦闘終了時には左舷側10度にも達し、艦首左舷側では最上甲板部が一時的に海面に没した。注排水により6度まで回復したが、速力は10ノット程度まで低下したとみられる。

この頃、空襲を避けていったん西進ののち、ふたたび転進してレイテを目指していた栗田艦隊主隊は、第5次空襲に耐えて奮闘中の武蔵とすれ違っている。司令部からの状況問い合わせに対しては、「右舷内軸のみ運転可能、操舵健在」の旨の返答があったとのこと。栗田艦隊は清霜、濱風の2隻の駆逐艦を残し、断腸の思いで武蔵を残して東進する。

■不沈戦艦武蔵の沈没

強靭な耐久力を見せ続けていた武蔵にもいよいよ最期の時が迫っていた。

艦内の重量物を右舷側に移動させたり、投げ捨てるなど、艦内では涙ぐましい努力が行なわれていたが、懸命の復元作業でも武蔵の傾斜は止まらなかった。本来は注水区画ではない右舷後部居住区画への注水が試みられたのもこの頃だ。

しかしどれも奏功はせず、ふたたび武蔵の傾斜が10度を超えるにおよび、右舷側の缶室にも注水を実施するも、効果を生まなかった。一時的に傾斜が止まっても、広い範囲で発生している浸水が、武蔵から浮力を奪っていったのだ。

こうして傾斜12度に達し、危険な状態になるに及び、遂に1901時に猪口艦長は退艦準備を下令した。第2艦橋副長に天皇陛下の御写真奉還と軍艦旗の収容、乗員の退避を命じて指揮権を引き渡したのである。艦長自身は、海軍の伝統にならい艦と運命をともにする他ない。

副長は「総員集合」を命じ、君が代の伴奏とともに軍艦旗を収容した。甲板上では整列と人員点呼ののち、「退艦用意、自由行動をとれ」との命令が出た。

1930時にはついに傾斜が30度に達し、武蔵は突然左舷側に傾斜を増すと転覆して、その直後に2度の爆発を起こしながら海底に姿を消した。最後の空襲から5時間近く経過しての出来事である。この時、多くの生存者が乱流に巻かれて溺死したり、爆発の衝撃で圧死している。結局、猪口艦長以下1023名が艦と運命をともにし、1376名が生き残った。2隻の駆逐艦は生存者の救出を開始した。

第一次空襲から、武蔵沈没までの一連の戦いは、シブヤン海海戦と呼ばれている。無論、敵艦との砲撃戦ではなく、空対海の非対称戦闘であり、ここで戦艦武蔵を失ったことは、約3年前のマレー沖海戦の意趣返しとも言える展開でもあった。こうして武蔵は、ガ島攻防戦での比叡、霧島、そして瀬戸内海で爆沈事故を起こした陸奥に続く四番目の喪失戦艦となった。

撃沈までに20本以上の魚雷を必要とした武蔵には、戦後になって驚嘆の目が注がれた。「3本の魚雷命中でも戦闘力を失わない」というのが大和型戦艦の謳い文句であったが、結果からするとこれは過大宣伝であったとさえ言える。魚雷の命中箇所が比較的左右均等であったことや、バイタルパートには直結しない艦首付近に繰り返して命中したなどの運もあった。しかし水雷防御隔壁は最初の被雷に対して完璧に機能しているので、艦の生存性は設計時の期待通りであった。日本の建艦技術の集大成として、武蔵はやはり誇らしい存在である。

しかし、手放しで喜んでばかりはいられない。まず最初の被雷によって前部主砲が精密射撃能力を喪失したことにより、武蔵は主体的な攻撃力を失っている。これでは、続くサマール沖海戦やレイテに突入できても、戦力になったかどうか。また第三次空襲のダメコンにより、両舷の注排水区画は破壊されるか満水状態となっていた。意地の悪い見方をすれば、第三次空襲終了時点で武蔵の運命は決まっており、以降の空襲による損害は「死体蹴り」でしかなかったとも言える。

結局のところ、通常の海戦においては武蔵は「不沈艦」にふさわしい働きができたことには違いない。しかし航空優勢が失われた洋上では、最強の戦艦と言えど、マレー沖海戦の戦訓をひっくり返すほどの力はなかったであった。海戦における航空主兵の時代を切り開いた日本海軍は、武蔵の喪失によって、皮肉にもその最終的な証明を終えたとも言えるのである。

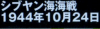

シブヤン海海戦 1944年10月24日 ▼10月24日のシブヤン海における激闘はレイテ沖海戦のハイライトのひとつであった。武蔵は度重なる空襲で被害を逐次増大させ、艦隊から脱落、ついに沈没することとなる

◀1944年10月24日、艦首部の浸水を増大させてかろうじて航行を続ける武蔵の姿を捉えたもの。その沈没は20本以上の魚雷命中を受けたのちのことであったが、いかにせよ、やはり航空優勢をはねのける力はなかったことの証左となった。
（写真提供／大和ミュージアム）

■予想されなかったサマール沖海戦

ハルゼー艦隊の空襲を避けるべく、シブヤン海で反転した大和以下の栗田艦隊は、回復作業にあえぐ武蔵を見送り、再反転して東進すると、日没に会わせて艦隊陣形を輪形陣から単縦陣に変更した。サン・ベルナルディノ海峡（以下サンベル海峡）を深夜に通過するためである。

長さ50kmにおよぶ難所のサンベル海峡の通過は、レイテ作戦の成功を左右する要であった。栗田艦隊が海峡入り口に到達したのは2300時を過ぎてからであり、暗礁や出口での敵潜水艦の待ち伏せは危惧されるものの、艦隊の通過には理想的なタイミングであった。

問題は、シブヤン海での戦闘で時間がとられすぎて、予定より5時間も遅れての海峡通過になったことであった。西村、志摩、小澤の3個艦隊との連携にあたっては、タイムスケジュールの調整が重要であった。これがずれると、作戦は単なる戦力の逐次投入となり、優勢な敵艦隊に各個撃破されるのは火を見るより明らかとなる。

果たして、戦局はそのように推移した。ミンダナオ海から北上してスリガオ海峡を目指していた西村艦隊は予定通りにレイテに突入したが、オルデンドルフ提督率いる第7艦隊に捕捉されて、戦艦扶桑および山城とともに壊滅していた。

西村艦隊壊滅の報が栗田艦隊に届いたのは、海峡の通過を終えて南下を開始した25日0522時のことであった。この時点で作戦構想が破綻していたのは確実であったが、詳細は伝えられなかった。

加えて、栗田艦隊には別の不安もあった。サンベル海峡を通過してからレイテに突入するまでには最低でも5時間が必要であるが、海峡通過が25日未明になる以上、敵の空襲は避けられない。シブヤン海を超えるであろう規模の空襲をかいくぐり、その先で敵戦艦部隊が待ち受けるレイテ湾に突入しなければならないという重圧が、艦隊司令部には充満していた。

0623時、東の水平線に太陽が姿を見せ始めた頃、サマール沖を南進中の大和の捜索レーダーが敵機の姿を捕らえた。おそらく敵偵察機の影であり、やがて空襲が始まるものと司令部には緊張がはしった。

しかしその20分後、驚くべき知らせが届けられた。まずは索敵隊形で随伴していた軽巡矢矧が、ついで大和の見張り員が距離35km付近に艦艇のマストを視認したのである。当初は小澤艦隊の先遣部隊と見なされたが、艦上機が並んだ飛行甲板が確認されたことで、敵艦であることが明らかとなる。大和の主砲の最大射程は約40km。にわかには信じられない敵機動部隊との遭遇であった。

■日本海軍史上最大の咆吼

栗田艦隊司令部は、この敵機動部隊をハルゼーの正規空母部隊だと見なして、直ちに全艦に突撃命令を下した。ところが実際は、この敵機動部隊は護衛空母6隻からなる上陸支援部隊であった。このとき米第7艦隊は3個の護衛空母集団をレイテ湾東方に配置しており、栗田艦隊はクリフトン・キンケイド少将の第77任務部隊第4群（タフィ3）と遭遇したのであった。

それほど戦略的価値の高い敵ではない。可能ならやり過ごしてレイテへの道を急ぐべきとも言えるが、ミッドウェイ海戦以来、幾度も煮え湯を飲まされ続けてきた敵機動部隊との遭遇に艦隊司令部が沸き立つのは当然だ。仮に砲門を開く前に護衛空母だとわかっても、見敵必戦が信条の海軍にあって、これを見過ごすという選択肢はあり得ない。

0658時、距離32kmで大和の艦首砲塔2基6門が火を噴いた。次いで長門と金剛、榛名が主砲を浴びせかけた。武蔵の無念を打ち払うかのような、帝国海軍史上最大の火力を叩き込んだのである。こうしてサマール沖海戦が勃発した。

タフィ3の護衛空母群にとって、攻撃は完全な奇襲となった。1940年6月にイギリスの空母グローリアスがドイツのシャルンホルスト級巡洋戦艦2隻に撃沈された例はあるが、サマール沖海戦は比較にならないほど規模が大きい。

斉射開始からまもなく、大和の砲弾が作った巨大な水柱に包まれていた敵旗艦ファンショウ・ベイから黒煙が噴き上がった。栗田司令部は沸いたが、これは急速展開した煙幕だった。他の戦艦の目標になった護衛空母も、至近弾の衝撃で甲板上に繋止していた艦上機がもつれて破損するなどの損害を出したが、折良く発生したスコールの中に逃れて、命中弾を避けることができた。

スプレイグ提督は直ちに上級司令部に救援を求めたが、状況は最悪であった。肝心のハルゼー提督の第38任務部隊は陽動にはまり、小澤艦隊を追ってルソン島東岸を北上中であった。また第7艦隊の戦艦群は、西村艦隊との交戦で消耗した弾薬などの補給中であり、再集結に時間がかかる。だが、第7艦隊司令のキンケイド提督は、時間稼ぎのためにスプレイグに対して現海域にとどまり、敵艦隊を足止めするよう厳命した。

この非情な命令で、逆にタフィ3の将兵は腹をくくれたともいえる。運良く、天候は曇天であちこちに小規模なスコールが発生している状態だった。スプレイグ麾下の各艦は煙幕を展張しながらスコールの中に逃げ込みつつ、艦上機にはとりあえず爆弾を積んで発艦させた。護衛空母の速力はせいぜい18ノット程度だが、油圧カタパルトがあるため風向きに関係なく発艦作業ができたのだ。数少ない駆逐艦も煙幕を出しながら日本艦隊を遅い、雷撃するそぶりを見せて時間を稼いだ。米駆逐隊の雷撃は命中しなかったが、大和、長門、榛名の3隻は回避した魚雷に左右を挟まれてしまい、戦場から離れるように退避を強いられるいられるなど、戦力差をいかせない場面も見られた。

このように、戦艦群は期待された活躍はできなかったが、0800時を過ぎて日本の重巡部隊が参加すると、いよいよアメリカ側の損害が目立ち始める。

まず駆逐艦ホーエルが40発以上の命中弾を受けて、0855時に沈没した。その7分後には空母ガンビア・ベイが浸水拡大により転覆している。護衛空母は装甲が薄く、戦艦の砲弾では信管が作動せずに船体を貫通していたため、なかなか撃沈できなかったが、大和の主砲弾による巨大な破孔で吃水線下の浸水が止まらなくなり、ついに没したのである。この他にも駆逐艦サミュエル・B・ロバーツとジョンストンの2隻も失われたほか、護衛空母4隻、駆逐艦1隻が損傷した。

■栗田艦隊、運命の反転

しかし栗田艦隊の損害はいっそう深刻であった。第77任務部隊の他の艦上機が救援に駆けつけるようになると、目に見えて損害がかさみ始めたからだ。

まず0850時、重巡鳥海が魚雷発射管への命中弾による誘爆で航行不能となった（最終的に雷撃処分）。ガンビア・ベイを追っていた重巡筑摩も、雷撃機によって艦尾を損傷、以後、断続的な雷撃により航行不能となり、これも処分のやむなしとなった。重巡鈴谷も魚雷への引火が原因で弾薬庫が連鎖的に誘爆し、自沈に追い込まれた。重巡熊野は敵駆逐艦

40

ジョンストンに雷撃されて、艦首を喪失するほどの損害を受けている。

機動部隊相手の戦艦による砲撃戦という特異性ばかりが目立つサマール沖海戦であるが、2時間ほどの追撃戦が終わってみれば、栗田艦隊は何も得ないままちりぢりになっていた。それどころか、パラワン水道での被害と、シブヤン海戦で被雷により脱落した重巡妙高とあわせれば、自慢の10隻の精強重巡部隊のうち8隻が失われ、壊滅状態になっていたのである。

0911時、栗田艦隊は敵機動部隊の追撃を中止して、各艦に北方海域での再集結をはかった。この時、作戦継続が可能な戦力は戦艦4隻、重巡軽巡各2隻、駆逐艦8隻にまで減っていた。

1045時に再集結を終えた栗田艦隊は、ふたたび南進してレイテ湾を目指した。しかし艦隊北方に敵空母主力、つまりハルゼー艦隊が展開中という偵察の報告を受け、1217時には本格的な空襲が始まったことから、栗田提督はこれを信じたようだ。1226時には敵機動部隊撃破のため、艦隊に北方への転進を命じる。

後世、「栗田提督の謎の反転」と呼ばれることになるこの判断の是非については、いまだ議論が続いている。栗田提督は、レイテ突入に際し、もし有効な敵艦隊を発見したら泊地突入に優先して敵艦隊を撃破目標とすることを、連合艦隊司令部より認められていたとの説もある。

だが、栗田提督が敵主力機動部隊の攻撃と信じた先の空襲は、第77任務部隊第3群（タフィ2）から発艦したものであった。栗田艦隊が反転したときには、すでに敵は待避した後であり、艦隊は幻の敵を追っていたことになる。

一連の栗田提督の判断をどう評価するか。それは評価する人物各々の立場や兵学における思想を反映したものであり、明確な答えを出すことは難しい。大損害覚悟でこれほどの艦隊を投入しておきながら、最後の瞬間に腰が引けた臆病者という評価もある一方で、戦略的な意味合いを持つ艦隊を率いる将は、いたずらにこれを戦術的にすりつぶすような判断を下すものではないという、大局的な見方もできる。いずれも正解であるが、どちらも決め手はない。ただ一つ確実なのは、栗田艦隊も、戦艦大和もレイテ突入の最後のチャンスを失い、何も得られないままブルネイへと帰投したという事実だけであった。

スプレイグ提督のタフィ3は、たぐいまれなる勇気をもって、優勢な敵のどう猛な攻撃にぶつかり、これを退けた。この部隊は、サマール沖海戦の直後に、今度は関行男大尉率いる敷島隊の神風特攻にさらされるという、戦史に希なターニングポイントに直面するのであるが、それはまた別の物語であろう。

レイテ沖海戦により、連合艦隊は最後の力を使い果たした。本稿では先にマリアナ沖海戦を帝国海軍の命日と評したが、ならばレイテ沖海戦の栗田艦隊の敗残艦列の航行は、帝国海軍の葬送行進と呼ぶにふさわしいだろう。

だが、姉妹艦の武蔵を見送った喪主としての大和の役目はまだ終わっていない。神風特攻という「統率の外道」の総決算として、沖縄にその身を投じる役割がまだ残っていたのである。

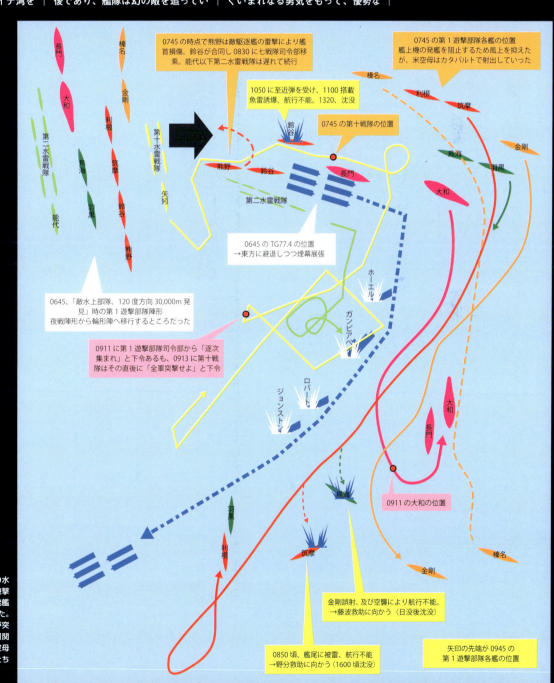

サマール島沖海戦 1944年10月25日

▶10月25日早朝、突如として東の水平線上に敵空母群を発見した第一遊撃部隊はその風上を抑えて艦上機の発艦をできなくするために東へ変針した。図の左上が敵艦隊発見時の、右上が突撃開始時の第1遊撃部隊各艦の位置関係。このため、速力の劣る米護衛空母群は円周の内側へと逃げていくかたちとなり、虎口を脱することがきた。

見てわかる！武蔵の対空装備

武蔵と大和の大きな相違点のひとつである対空機銃の配置。このページでは、レイテ沖海戦時の武蔵の完成品を真上から見た写真を交えて、その配置を解説しよう。最終時の大和と比較すると単装機銃の配置などに変化が見られるのだ

噴進砲、あなたなら載せる？載せない？

■こちらは探照灯の代わりに噴進砲を搭載した作例。6基あった150cm探照灯のうちの2基を下ろして噴進砲を搭載したとも伝えられる

■現状、写真などでは確認されていないが、捷一号作戦時において武蔵は150cm探照灯を2基下ろして代わりに実験的に12cm二十八連装噴進砲が装備されていたという乗組員の証言がある。キットには噴進砲パーツ（M10）が同梱されていて探照灯パーツ（K16）とユーザーが選択することができるのだ。

◀90ページに掲載した作例は探照灯を配置。考証的にはどちらのほうが正しそうだが、好みでセレクトするとよい

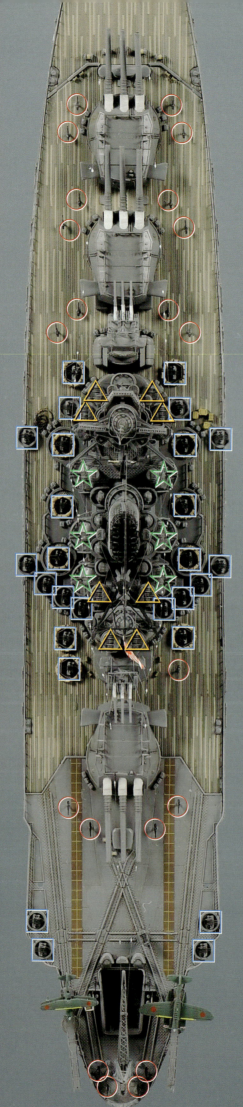

このページの見方

■ここでは、武蔵の対空機銃の配置を〇、□、△、☆の4つの記号で表しています。その内訳は以下のとおりとなっています。製作の際は、この見取り図と、90ページからの完成写真を参考にするとよいでしょう

〇＝25mm単装機銃

〇マークは九六式25mm単装機銃を表している。このページの作例ではファインモールドのナノ・ドレッドWA21「九六式25mm単装機銃」（リニューアル版）を使用

□＝25mm三連装機銃

□マークはシールドがついていない、九六式25mm三連装機銃を表している。作例ではファインモールドのナノ・ドレッドWA23「九六式25mm三連装機銃」（リニューアル版）を使用。土のうは自作

△＝シールド付き25mm三連装機銃

△マークはシールド付きの九六式25mm三連装機銃を表している。作例ではファインモールドのナノ・ドレッドWA3「九六式25mm3連装機銃」（大和・武蔵シールドタイプ）を使用している。ナノ・ドレッドではシールド付き三連装機銃の微妙な差異を再現しているが、武蔵製作ではナノ・ドレッドでいうところの「Cタイプ」を使用するといい

☆＝12.7cm連装高角砲

☆マークはシールド付きの八九式12.7cm連装高角砲を表している。作例ではキットのパーツを使用。武蔵の高角砲は大和より数も少なく、位置も異なるのだ

艦橋には13mm連装機銃

■右図には示さなかったが、艦橋両舷にも連装機銃が配置されている。キットでも省略されずに再現されているが、作例ではファインモールドのナノ・ドレッドWA15「九三式13mm機銃セット」に置き換えている

42

第3部

艦NEXTシリーズ002 「日本海軍超弩級戦艦武蔵」を作る

船体部基本製作編……………………………44
専用エッチングパーツ編……………………50
艦船塗装編……………………………………78
張り線工作編…………………………………86

船体部基本製作編

ここからは具体的に艦NEXTシリーズ武蔵の製作工程をご紹介します。まずは基本的な船体工作から始まります。製作にあたってはフジミより発売中の純正エッチングパーツを使用し、塗装も施すことを前提に進めます

▶船体の製作

艦NEXTシリーズは"スナップフィットキット"、すなわち「接着剤を使わなくても組み立てられる」ということをウリにしたシリーズですが、これは逆に接着剤での固定を前提としていれば安易に解決できる部分でも、必ずはめ込み式として製作するよう設計されているということです。無塗装でパチ組みを楽しむ場合はいいのですが、専用エッチングパーツを使用してディテールアップを行ない、さらに塗装して仕上げる場合には、あえてダボを切り取り、接着剤を使って固定する必要が出てくる場合があります。これも各部の様子を確認しつつ、臨機応変に行なう必要があります。

また、各部の固定用のダボは非常にタイトで一度ハメると取り外しは困難です。仮組みをする場合は先にダボ穴を広げるなど調整して破損することなく取り外しできるようにしましょう。また、このキットは先に発売された艦NEXT戦艦大和と共通のランナーが多数あります。なかには大和用のパーツも多数同梱されています。同型艦なので当たり前ですが、間違って大和用のパーツも組み込んでも組み立てることができてしまいます。ですから、先に組み立て説明書を確認して、大和用のパーツを取り除いて事故を防止するようにしましょう。

◀キットの内容は非常にボリュームがあります。まずは組み立て説明書を参考にすべてのランナーがそろっているか確認します。透明ランナーは傷が汚れがつくと修正しづらいため最後まで袋にいれておきます。

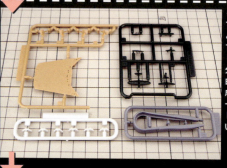

◀このキットは無塗装、素組みで仕上げることができるようにと、各部のランナーが着色されています。ハル部分はハルレッド、艦体はグレー、木工甲板部分がミドルストーン、土のうが白、艦載機のランナーは深緑で成型されています。右下のグレーのランナーはなんとピンセット。組み立て用の工具が入っています。

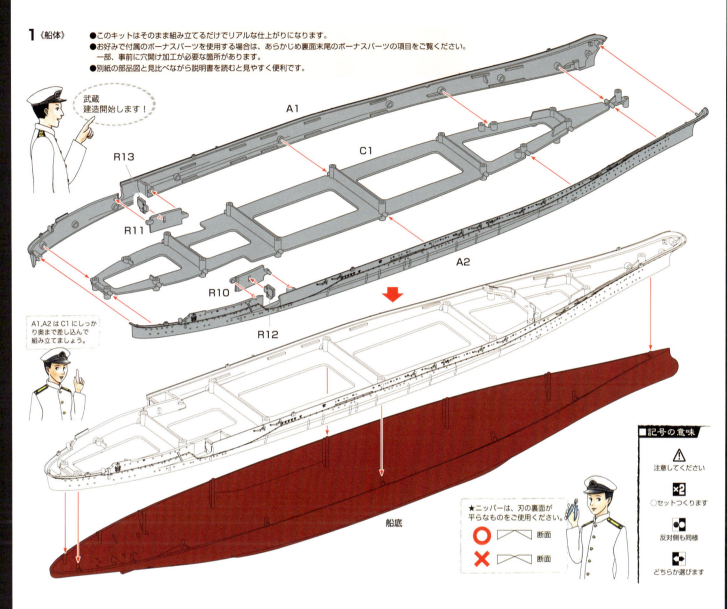
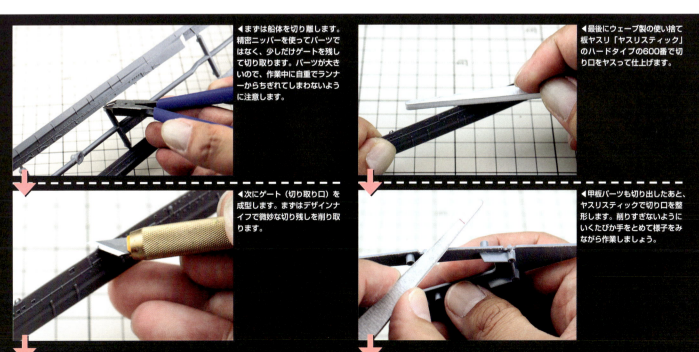

◀場合によってはヤスリスティックの番手をあげて仕上げます。すこしでもパーツに段差が残ると船体を組み上げたときにゆがみが生じます。小さなゆがみが重度なると船体全体が歪んできますので整形は慎重に行ないましょう。

◀左右から船体パーツ（A1、A2）を内部の桁構造のパーツ（C1）に貼り合わせます。ダボがきつくなっているので、一度はめると外すのは難しいので気をつけましょう。隙間ができないようにしっかりと押し込みます。
まずは船尾側から。

◀左右にある内火艇の収容庫の扉を接着します。向きがありますので間違えないこと。R10にはR12、R11にはR13の扉を差し込み、接着します。

◀次に艦首側を併せ込みます。各ダボの部分でしっかりと押し込みムラのないようにします。各ダボ部分でしっかりと押し込んでいれば、艦首部分はピタリと合います。

◀側壁パーツに対する収容庫扉パーツの向きです。扉のディテールがあるほうが外側になります。間違えやすいので確認しましょう。

◀左右の船体パーツと構造体パーツをダボで組み合わせたら、ダボ部分に流し込み接着剤を内側から流して固定します。

◀接着した収納庫扉のパーツを左右の船体側面パーツに接着します。ダボの角度と向きが決まっていますので右と左で間違えて接着はできませんが、ここも正しく組み上がるように上下左右などを確認して進めましょう。

◀艦首部分の合わせ目にも内側から流し込み接着剤を流して固定します。接着面が少ないわりにテンションがかかる部分でもあるので、クリップなどではさんで固定するのがいいでしょう。

▶洋上モデル／フルハルモデルの差し替え工作

◀このキットは甲板パーツとハル部分が複数のダボで組み上げるつくりですが、このダボを調整すれば完成後も洋上モデルとフルハルモデルの両方で楽しむことが可能です。そこでこの作例ではのちほど差し替えが可能なように、ダボ穴をドリルで少し広げて、取りつけ／外しが可能としました。

◀船体の途中も、まずはダボをしっかり組み込んで密着させたあと、接合部分に流し込み接着剤を流して固定します。

◀艦尾側も合わせ目部分に裏側から流し込み接着剤を塗布します。左右から挟まれたときに、一番テンションがかかる部分なので割れたり、スジが入ってしまうことがあります。しっかりと接着しておきます。

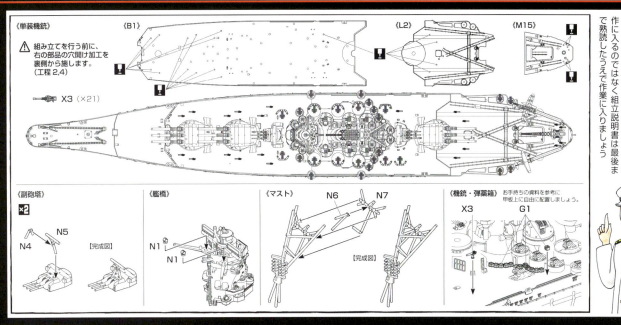

ボーナスパーツ用の開口を先にします

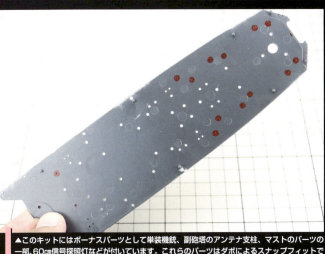

▲このキットにはボーナスパーツとして単装機銃、副砲塔のアンテナ支柱、マストのパーツの一部、60cm信号探照灯などが付いています。これらのパーツはダボによるスナップフィットでの取りつけができず、接着剤による接着が必要です。ここでは単装機銃をとりつける穴を甲板に開けていきます。0.8mmのピンバイスで裏から穴を開けます。主甲板では写真の赤い13箇所が開口するポイントです。

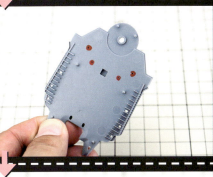

◀航空機作業甲板にも4箇所に穴を開けます。

◀船尾甲板も左右2箇所の合計4箇所に穴を開けます。ほかのパーツを取りつけるためのガイドもあるので間違わないようにしましょう

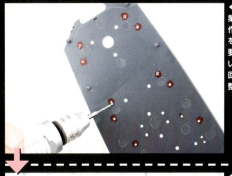

◀電動ツールを使うと手早く作業ができます。プラスチック工作の場合、ドリルやビットが熱をもつとプラパーツが溶け、必要以上に穴が大きくなってしまいます。トルクがありながらも回転数が低いもの、もしくは調整できるものを選びましょう。

◀船尾甲板も同じくドリルで開口していきます。

◀艦首側の甲板パーツもはめていきます。錨鎖をほかのパーツに置き換える場合は接着前のこの段階で細い平ノミでモールドを削って置き換えます。

◀艦首甲板パーツをしっかりとはめ込んだあと、隙間に流し込み接着剤を少量流し込みます。ベタベタと筆を付けず、スッと少量流し込んでやるのが表面をきれいに仕上げるコツです。左右それぞれ数力所に接着剤を流すといいでしょう。

47

◀最後部に旗竿が立つのですが、スナップフィットを実現するために、旗竿と甲板の一部が一体成型となっており、後部甲板に挟み込んで固定する仕様になっています。旗竿はプラパーツでは成型の都合上、どうしてもやや太くなってしまうパーツです。真ちゅう線に置き換えてやると、より細く、シャープに見せてやることができます。

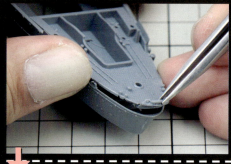

◀後部甲板の下に挟み込むようにして、旗竿を切り取った台座パーツを取りつけます。浮いている部分がないか見ながらパーツをはめ込みます。

◀旗竿パーツから旗竿をニッパーで切り取ってしまいます。真ちゅう線はまだ取りつけません。

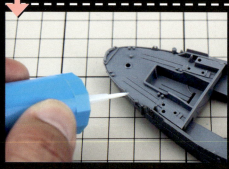

◀最後に流し込み接着剤を少量、合わせ目から流し込みます。表面が接着剤で汚れないように注意。

▶フルハル用艦底パーツの加工

◀艦底パーツも塗装できるように処理します。まずはパーティングラインをヤスリで削り、表面処理をほどこした主舵を接着します。

◀艦体と船底部分を仮組みしてみました。塗装の塗り分けやエッチングパーツによるディテールアップを考えて、組み立て作業はここまでにしておきます。

◀スクリューシャフトとステーもスポンジヤスリで揉むようにしてパーティングラインを削り取り、組み立てます。シャフトはあとで塗り分けますが、まずは接着しましょう。

大和型戦艦人物伝①
新鋭戦艦大和の艤装員長を務める
宮里秀徳

◀艦底の裏側からシャフトのステーが差し込んであるダボに接着剤を流し込みます。接着剤は可能なかぎり裏側から少量ずつ流し込むのがキレイに完成させるコツです。

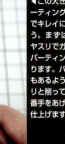

◀この大きなパーツは中央にパーティングラインがあるのでキレイに整形してあげましょう。まずは400番のスポンジヤスリでガリガリと船底中央のパーティングラインを削ってやります。パーツの表面にうねりもあるようなのでそれをザックリと削ってやります。その後は番手をあげて表面の傷を消して仕上げます。

　1941年5月、進水した「大和」に艤装員長として着任したのが宮里秀徳大佐であった。1889年に鹿児島に生まれ、海兵40期を卒業して航海術を専門とした。

　運用術、ダメージコントロールにも造詣が深く、砲術でも水雷でもない宮里が艤装員長を命じられたのもこのためであろう。山本連合艦隊司令長官も、宮里のダメコン能力を評価していたという。これに応えるべく宮里は、完成までに用兵の立場から造船側に要望を出し、竣工へ向けて尽力した。

　1941年9月に初代艦長となり、全力公試運転も宮里のもとで行なわれた。この時の成績はなかなか良好で、関係者を安堵させている。ただ実戦の指揮を執っていないためか、資料によっては宮里を艦長としていない記述も認められる（※）。同年10月15日に少将に進級、11月1日に呉鎮守府人事部長となり退艦した。

　中将で終戦を迎え、1952年6月7日に逝去した。在任中における宮里の具体的な功績は詳らかではないが、旗艦指定後に着任してきた連合艦隊司令部がおおむね満足していたことからも、「大和」を使い勝手のよい強力な名艦とした陰の功労者とも言えそうだ。

（文／松田孝宏）

※竣工するまでは艤装員長で「大和」の竣工は12月16日なので宮里はその前に転勤したことになる。ところが「大和」についてはこの時9月にさかのぼって辞令が発令されているため混乱が生じている。

イラストレイターの藤井美智子先生にお話をうかがいました
フジミ艦NEXTシリーズの組立説明書で大活躍

Q1.フジミの艦NEXTシリーズのイラストを描かれるようになったきっかけはなんですか。

藤井 モデルグラフィックスの美人編集者さまのご紹介で、「プラモビ」のイベントにお誘いいただいたとき、フジミさまと名刺交換をいたしました。名刺に自画像が入っているのですが、後日、フジミ模型の開発の方より電話があり「新しいシリーズのインストに、キャラクターを入れようと思っていて、藤井さんのイラストの雰囲気で描いてください」とご依頼いただきました。

Q2.イラストを描かれるうえで心がけていたこと、工夫したこと、苦労したことを教えてください。

藤井 表情とポーズのバリエーションを考えることです。けれど、一番は服装です。肩章で「少尉」とわかるように、制帽は大きさを何度か修正を行ないました。後、キャラクター以外で軍港と戦艦装備も描いています。資料は、昭和の白黒写真が多く「この箇所はどうなっているんだろう？」と毎回、首をかしげて、毎回、フジミさまに修正いただいてます。

Q3.どういう経緯であのキャラクターは生まれたのでしょうか。

藤井 実際の戦艦を建造するのは作業員とのことですが「キャラクターとしては士官で」と、ご依頼いただきました。紺と白の制服がありますが「海軍といったら白！」で、白服になりました。

Q4.白服の士官さんの設定などありましたら教えてください。

藤井 20歳ぐらいの少尉です。出来上がった戦艦を山本五十六に持って行く……と想定して、階級が少尉になりました。優しげな雰囲気で、実際に口調もその通りですね。2016年春より、ブログで商品紹介をするメンバーとして活動しています。インストからかなりの出世ですが、まだ階級は少尉のままのようです。プライベートは私も気になるところです。

Q5.今後描いてみたいと思っているキャラクターはありますか？

藤井 少尉さんには、陸軍や航空隊に兄弟がいるのでは……と勝手に想像しています。いらっしゃったら、ぜひ描きたいですね！

文／松田孝宏

大和型戦艦の報道

最高クラスの軍事機密に指定された大和型戦艦は、ほとんどの国民に知られることなく沈没した。日本海軍でも、ついぞ姿を見なかった将兵は少なくない。一方で厳しい秘密保持にも関わらず、呉や長崎市民などはその名を知っていながら口外しなかったのが当時の常識であった。

しかし実のところ、太平洋戦争中にもその名と最期は、特に「大和」は明確に報じられていた。その第一歩が1942年12月8日、太平洋戦争開戦一周年となる朝日新聞である。当日の同紙には「新戦艦既に就役 太平洋のわが護り固し」という見出しに続き、「第三次ソロモン海戦におけるわが戦艦の喪失は同方面の海戦が如何に凄烈なものであるかを物語る」「戦艦数隻はすでに竣工、洋上に堂々たる威容を浮かべて、太平洋の護りについている」などの本文が続く。この「新戦艦数隻」は間違いなく「大和」「武蔵」のことで、間もなくガダルカナル島の撤退が決定するソロモン方面の厳しい戦局も、意図してか否か「如何に凄烈か」と、行間を読ませるように報道している。とはいえ写真の掲載も艦名もないため、軍事機密とはいえぎりぎりで検閲には引っかからなかったのかもしれない。

続いては1944年のレイテ沖海戦と1945年の菊水作戦を発表した大本営は、それぞれ戦艦1隻の喪失を報じている。レイテで沈んだのは「武蔵」「山城」「扶桑」だが、人の口に戸が立てられないように「武蔵」と「大和」の沈没は伝わっていたようだ。

そして艦名を報じたのは、なんと米軍である。「大和」沈没から一週間後の1945年4月14日、日本上空を跳梁していたB29は『落下傘ニュース』というビラ（伝単と呼ばれた）をまいた。これには「沖縄島近海の海空戦 戦艦大和を撃沈」の見出しが明確に確認できる。しかし国民たち米軍のビラを所持することを禁じられており、読むことも許されなかった。軍事機密だったこともあり、もし読んだとしても聞き慣れない戦艦が沈んだ、との印象で終わっただけかもしれない。

米軍はのビラは4月29日にも『マリヤナ時報』がまかれ、これにも「戦艦大和撃沈」の見出しがある。同日の『琉球週報』はもっと詳しく、「戦艦大和撃沈」の見出しとともに「魚雷八本及び爆弾八つは大戦艦大和に命中しこの大戦艦も見る間に沈没した」と記され、「大和の撃沈により日本海軍には新式戦艦は一隻も無い。」と結ばれている。

これらのビラはすべて、捕虜となった日本兵が作っていたものであった。

この約4カ月後、戦争も終わった1945年9月6日の『朝日新聞』2面には、「武蔵、大和今やなし」の見出しにミッドウェー、マリアナ、レイテの海戦で大和型や日本主力艦艇が沈んだと報じた。これが戦後初となる大和型の報道と思われ、ここでついに艦名が報じられた。『朝日新聞』は同年10月18日に「ありし日の「大和」」として写真を掲載、これが初めてのビジュアル公開と考えられる。その要目は45センチ主砲、速力26・5ノットと実艦とは微妙に異なっている。

この翌日となる10月19日、『毎日新聞』2面は「怪物 六萬二千噸の姿 壮烈に散華した「武蔵」「大和」の見出しに、「わが聯合艦隊華かなりし頃トラック島泊地における在りし日の武蔵と大和」とのキャプションで2枚の写真を掲載。主砲は「18インチ」と、ついに最高の軍事機密も報じられた。

翌1946年1月18日から放送が開始されたラジオ番組『真相箱』は占領政策の一巻としてGHQが関与、『眞相はかうだ』として書籍化もなされた。国民の戦争に対する問いかけに回答する形式で、「世界最大のわが戦艦大和と武蔵の最後についてお知らせ下さい」との質問には「わが最大の戦艦四万五千トンの大和」「8本の魚雷と8発の爆弾」で沈んだと紹介されている。数値が異なるのは、米軍の認識する大和型のデータに基づいているからだ。また「武蔵」については「戦艦武蔵沈没の模様をお話し下さい。」との別項があり、「魚雷と爆弾を浴びせられて、新戦艦、武蔵の他巡洋艦、駆逐艦各々一隻が撃沈」されたと簡素な返答だ。巡洋艦は最初の空襲で引き返した「妙高」だろうか。

さらに後年、1952年に元「大和」電測士の吉田満が著した『戦艦大和ノ最期』が発刊され、翌1953年に元「大和」副長の能村次郎が撮影指導にあたった新東宝映画『戦艦大和』によって、大和型（「大和」）の知名度はかなり高まったようだ。それを裏付けるように、1954年に行なわれた第二艦隊の慰霊式で読まれた弔辞には、映画の公開で「大和」に対する国民の知名度が高まったという意味の文言がある。「武蔵」については1952年に元「武蔵」機銃砲台部附戦闘記録作だった『戦艦武蔵』が出るが、猪口艦長は切腹、加藤副長は頭の固い悪役とするなどの「アレンジ」や、士官らへの恨み言に満ちている。

さらに1960年代から70年代にかけては戦記ブームが到来したこともあり、少年向けの雑誌、テレビ、映画など、多くのメディアに大和型は登場、知名度を深めていった。『宇宙戦艦ヤマト』の記録的なヒットは女性のアニメファンも「大和」を知るようになり、現在に至るまでその知名度は揺るぎないものとなる。

一方の「武蔵」は人気も知名度も「大和」に水を明けられているが、これについては『戦艦武蔵 忘れられた巨艦の航跡』（一ノ瀬俊也、中公新書）に詳しく、興味を抱いた方には一読をお勧めする。本稿でも参考とさせていただいた。ただし2015年に海底の「武蔵」が発表され、ブラウザゲーム『艦隊これくしょん』で擬人化されて人気を得たことも考慮すると、人気、知名度はやや早計と思えるのが2016年現在の最新事情である。

専用エッチングパーツ編

船体の工作に続きここからはいよいよエッチングパーツの使用方法について詳しく解説します。エッチングパーツは上級者向けのアイテムですが使用すると格段に精密感がアップするのも事実。エッチングパーツシートのすべてのパーツを使うのは難易度が高いのでまずはクレーンや電探などから始めてみてはいかがでしょうか

▶ 副砲塔基部の製作

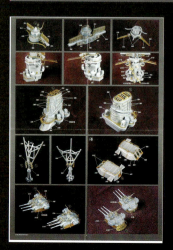

● 「グレードアップパーツシリーズNo.111 艦NEXT 日本海軍戦艦 武蔵 専用エッチングパーツ」（フジミ模型　税込1944円）は、素組みで完成度の高い完成品を作ることができる艦NEXTシリーズに、さらに手を加えたいユーザーのために作られた製品です。専用品ですので、サイズはドンピシャ。折り曲げ位置や接着位置も決まっています。

しかしエッチングパーツの工作はだれでもすぐにできるというものではなく、初心者にとってはある程度慣れとコツが必要です。またそのままキットに接着できる部位は少なく、本体にもある程度の加工が必要です。ここではその基本的な工作法やコツを紹介していきます。

▲2枚のエッチングパーツにびっちりとレイアウトされたパーツにはそれぞれそばに番号が彫刻されています。素材は扱いやすい真ちゅう製で、簡単に曲げることができます。逆にいうとちょっとした不注意で曲げてしまうこともあるので扱いには注意しましょう。

▶ エッチングパーツを貼る前のプラパーツ加工

▲エッチングパーツはいわば「パーツの置き換え」でディテールを細密にする方法です。ラッタルのようにポンと付けるだけのパーツもありますが、大概はプラパーツでもディテールが再現されていますので、それを事前に削り取ってやる必要があります。後部甲板では赤く塗った階段を削り取ります

◀壁部に彫刻されているモールドは平ノミを使って削り取ります。

◀床から生えているラッタルなどは精密ニッパーを使って切り取り、ヤスリでピンポイントに整形しておきます。

◀主砲では後部基部、左右のラッタルと正面のラッタルを削り取ります。細い平ノミを使うとキレイに仕上がります。

◀副砲裏側の水密扉もエッチングパーツに置き換えるため、削りとります。

◀第一艦橋の後ろの張り出しも根元から切り落とします。

◀防空指揮所のヤードはまるごとエッチングパーツに置き換えます。根元から切り落とします

◀こういった後部艦橋基部にあるラッタルも置き換えますのでモールドを削り取ります。

◀艦橋後部の機銃射撃指揮装置の張り出しに付くラッタルも切り離します。

◀飛行機はプロペラをエッチングパーツに置き換えるため、切り飛ばします。

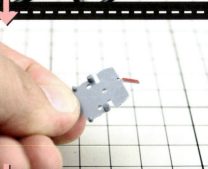

◀艦橋台から測距儀台へと続くラッタルも切り飛ばします。

◀航空機作業甲板の左右にある、グレーチングは実際には網状になっている部分なので、ここもエッチングパーツに置き換えます。そのためには、キレイにくり抜く必要がありますが、手順を守ればキレイに仕上げることが可能です。

◀艦橋トップの21号電探（S12））はエッチングパーツに置き換えると効果的な部分のひとつ。プラパーツを精密ニッパーで切り飛ばします。

◀グレーチングの開口には0.8～1.0mmぐらいの細いドリルで穴を多数開け、それらをニッパーで繋いで大きな穴にしてやります。そのあと内側を金ヤスリで整形します。

◀測距儀裏の補強用の梁もエッチングパーツに置き換えるのでデザインナイフで削いでおきます。左右とも削るのを忘れないようにしましょう。

◀飛行甲板裏の三角支柱もエッチングパーツに置き換えますので精密ニッパーで一枚ずつ根元から切り取ります。切り取ったあとはヤスリで軽く平らに整形しておきます。

◀煙突表面のラッタルはすべてエッチングパーツに置き換えます。まずはデザインナイフでそーっと削り取ります。

◀一番副砲基部（T1）のラッタルも置き換えるので精密ニッパーで切り飛ばします。

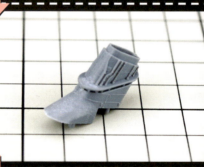
◀この煙突の部分、前面のラッタルを削り落とした結果、パーツの貼り合わせ部分が露出してしまいます。段差などがあると目立つので、ヤスリで削って段差を消しておきます。400番＞600番の紙ヤスリで表面を処理しましょう。

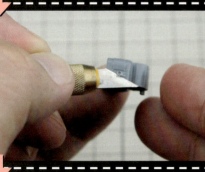
◀浮き輪も側面にモールドされているのでデザインナイフを使って切り飛ばします

◀マストに付く13号電探もエッチングパーツに置き換えますので切り飛ばします。

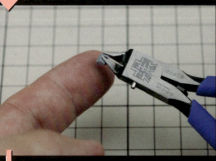
◀甲板上面前方にある通風筒兼号令台につくラッタルも置き換えます。

◀第二主砲の基部にあるラッタルも切り飛ばします。

▶砲塔もモールドを削っていきます

◀エッチングパーツによる主砲のディテールアップは様々な調整が必要です。ここではその下準備をします。まずは後部のラッタルをデザインナイフで削り取ります。水密扉もエッチングパーツに置き換えるのでデザインナイフで削ります。

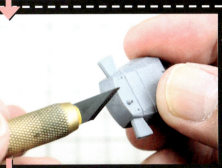

◀次にデザインナイフでカンナがけの要領で整形し紙やすりで仕上げます。

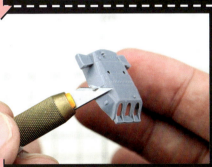

◀側面にあるラッタルも削っておきます。切れ味のよい刃であれば、力を入れなくてもスッと切れます。切れ味が落ちている場合は、デザインナイフの刃を一度新品に交換しておくと良いでしょう。

◀主砲台座には主砲の軸を差し込んで固定する方式ですが、軽い力で回るほうがエッチングパーツを貼ったあとでは破損の心配が減ります。電動ツールで穴の内側を軽く削ります。

◀穴のサイズを調整したら一度はめてみて様子を確認します。砲塔にエッチングパーツを貼ってしまうと、触ることができる部位が限られ、力をいれて回すことができません。簡単に触れるだけで砲塔が回転するテンションが理想です。

◀砲身の横にはパーティングラインがあるので、デザインナイフのカンナがけとスポンジヤスリで整形します。

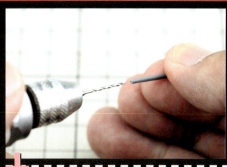

◀主砲の砲身はやや縁が厚めなので0.8mmのドリルで開口部を広げます。中心からずれないように慎重に作業してください。

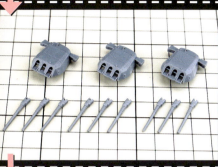

◀三基の主砲塔をすべて整形しました。加工し残しがないか確認しましょう。また砲身は一度砲塔基部と仮組みしておくとよいでしょう。

◀確認したところ、砲身根元の部分にエッチングパーツを貼るにはプラパーツをさらに切り欠く必要があることがわかりました。ナイフを使ってさらに写真のように加工してやりましょう。これは三基の砲塔基部すべてを加工します。

大和型戦艦人物伝②
大和初代艦長として知られる
高柳儀八

宮里の後任として1941年11月1日に「大和」艤装員長となったのが、高柳儀八大佐である。48ページで述べたように通常は竣工時までは艤装員長、竣工後に艦長として改めて発令されるのが慣例だが、大和の場合は竣工時に9月にさかのぼって辞令が出されており、これに基づけば高柳大佐は2代目艦長ということになる。

1891年に佐賀県に生まれ、海軍兵学校を41期で卒業。専門は砲術で、海軍大学甲種学生も卒業した。「名取」「那智」砲術長、連合艦隊参謀や教育局局員などを務め、「鈴谷」「伊勢」艦長を経て「大和」に着任した。

太平洋戦争の開戦間もない1941年12月16日に「大和」は竣工、訓練時は真珠湾攻撃から帰投の機動部隊を出迎えた主力部隊とすれ違っている。「大和」の初陣は1942年6月のミッドウェー海戦だが、主力部隊はなんら戦局に寄与しないまま作戦は失敗した。ただ「大和」は潜水艦とみられた目標に副砲と高角砲を発砲しており、これが最初の戦闘行動と言える。この時ムービーも撮影されたが、残念ながら発砲の衝撃でカメラが壊れてしまったという。

「大和」のトラック島に進出後も高柳が艦長職にあったが、特筆すべき行動もないまま12月17日に退艦していった。1943年1月は第一艦隊参謀長となり、大西瀧治郎中将の自決後は日本海軍最後の軍令部次長職に就き、中将で軍歴を終える。1973年12月29日に逝去した。

（文／松田孝宏）

5 《艦橋下部》

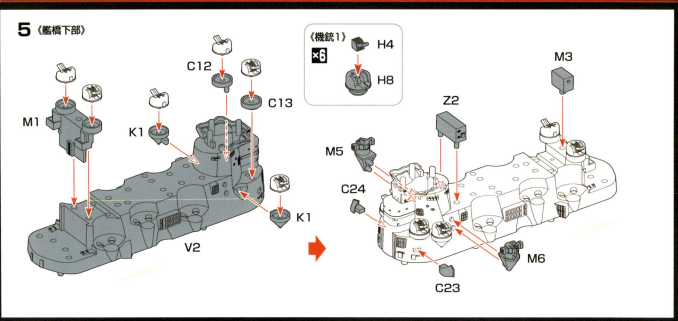

上部構造物を組み立てます

▲エッチングパーツの加工があまり多くない部位はどんどん組み立ててしまいます。ある程度の塊まで組み立ててからのほうが効率良く塗装ができるからです。ここでは艦橋基部を含む上部構造物を組み立てていきます

◀高角砲射撃装置を貼り付けます。左右があるのでパーツを間違えないように注意。

◀この構造物をベースに上に艦橋や煙突が積まれていきますが、パーツが歪んでいると垂直に構造物が積み上がっていきません。ここではヤスリを使って天面のヒケを均しておきます。

◀艦橋基部の25㎜三連装機銃は銃身と本体を組み立て、どんどん接着していきます。

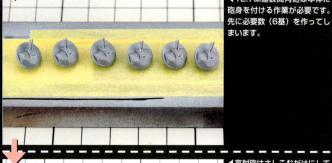

◀12.7㎝連装高角砲は本体に砲身を付ける作業が必要です。先に必要数（6基）を作ってしまいます。

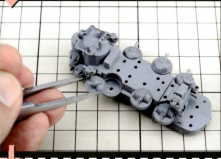

◀高射砲はさしこむだけにしておき、接着剤で固定しません。穴がタイトなのでとれる心配はありません。

◀今回は見栄え優先で探照灯をおろし、12㎝28連装噴進砲を積んだ状態にしてみました。測距儀台や25㎜機銃も接着してしまいます。

大和型戦艦人物伝③
のちに第四航空戦隊司令官などを歴任、北号作戦を成功に導く
松田千秋

写真提供／光人社

　高柳に続いてトラック島の「大和」に着任した松田千秋大佐は1896年の熊本生まれ、海兵44期卒業の砲術家であった。軍令部作戦課作戦班長時代は、新戦艦（のちの大和型）の主砲は46cmにすべきと主張、世界最強戦艦の誕生に与した。

　松田の経歴には特筆すべきものが多く、1940年には「総力戦研究所」の所員となった。その名が示すとおりの内閣直属機関だが、ここで松田はそれまでなかった「面接」を具体化させ、所員らとの研究で対米戦は敗戦という結論を出している。

　標的艦「摂津」艦長を務めたこともあるが、この時の経験によって爆撃はすべて回避できるとの持論に至る。事実、第四航空戦隊司令官として臨んだレイテ沖海戦において、指揮下の「日向」「伊勢」は直撃弾を受けていない。その「日向」艦長としてミッドウェー海戦にも参加、戦闘は行なっていないが試験的に搭載されたレーダーの必要性を強く訴えることになる。

　こうした松田の際だった経歴は、トラック島に停泊の「大和」でも役だった。当時、「大和ホテル」と揶揄されていた同艦で、松田が士官たちに実施した兵棋演習は好評を博し、「大和大学」と呼ばれたという。「大和」そして「武蔵」もガダルカナルの戦いに赴くことはなかったが、もし戦場に投入されていたら松田はいかなる指揮を執ったであろうか。

　1943年2月、ガダルカナル島の日本軍は撤退。同月に連合艦隊旗艦も「武蔵」に変更され山本長官ら司令部は退艦、松田も9月に退艦していった。

　大戦後期は、先述のレイテ沖海戦の一環となるエンガノ岬沖海戦から生還。続く北号作戦では敵の包囲下からの物資輸送を、ただの1隻も失わず成功に導いた。海軍上層部では半数の艦艇が失われるものと覚悟していたが、出撃前から松田は「なんとなく」成功する予感があったというから恐れ入る。しかしただの勘だけではなく、潜水艦を主砲で撃つ、飛行機はスコールに隠れてやり過ごすなど、柔軟に富んだ指揮の賜物であった。

　大戦末期の日本海軍にわずかな輝きをもたらした松田は、少将で終戦。その後「マツダカルテックス」を興し、カルテを自動抽出する機械で特許を取るなど企業人としても成功した。昭和50年代後期のインタビューでは山本五十六の真珠湾攻撃を手厳しく批判、戦争は艦隊決戦で挑むべきであったとの持論を述べた（佐藤和正『艦長たちの太平洋戦争』潮書房光人社刊に所収）。1995年11月6日に逝去。

（文／松田孝宏）

大和型戦艦人物伝④
潜水艦の雷撃を受けはじめての損傷を経験
大野竹二

　旗艦から外れた「大和」を引き継いだのは、先代の松田艦長とは同期の大野竹二大佐である。1894年、男爵・伊集院五郎元帥の次男として生まれた。元帥は、鋭敏な感度によって日露戦争で猛威をふるった「伊集院信管」の発明者として知られる。自らこの出自を明かすことはなく、大野義方大佐の養子となったため、大野姓となった。

　海兵卒業後の中尉時代に私費で英国オックスフォード大学に留学したこともある一方、水雷や砲術などの専門学校へは行っていない。これを「ノーマーク」と呼ぶ。ただし海軍大学甲種学生は卒業しており、軍令部第一部や「木曾」「鈴谷」艦長などを勤務して1943年9月7日に「大和」に着任した。

　生まれが華族のためか気品にあふれた姿だったとの証言もあるが、在任期間は1944年1月25日までの4カ月と短いものだった。米軍の反攻作戦がいよいよ本格化する時期であったが、「大和」に目立つ動きもなかった。1943年の12月25日は、航行中に米潜水艦によって「大和」竣工以降初めての被雷を許している。

　退艦後は軍令部第三部長職に就き、終戦時は少将。1976年12月18日に逝去した。

（文／松田孝宏）

大和型戦艦人物伝⑤
名将と謳われた開戦時の連合艦隊司令長官
山本五十六

　開戦時の連合艦隊司令長官として、竣工間もない「大和」を旗艦としたのが山本である。1884年新潟県に生まれ、海兵32期を卒業。日露戦争時、日本海海戦で重傷を負う。このころまで旧姓は高野といい戊辰戦争時に戦死した山本帯刀という名家を再興するため山本姓を名乗ることとなる。

　専門は砲術ながらも早期に航空に転じた山本は大和型戦艦に対して関心が薄かったようで、指揮や居住のための施設に過ぎないと思っていた節があり、とくに「大和」について語ることもなかったと伝えられる。「大和」の竣工前、「長門」に座乗の山本を訪れた艤装副長の黛治夫には「宮里大佐も君もダメージ・コントロールに詳しいんだから"強い"戦艦を造ってくれ」と述べている。文脈からはダメコンに優れた戦艦を希望した、とも解釈できるが真意は不明だ。

　山本が「大和」に大将旗を掲げたのは、1942年2月12日のこと。約1年後の1943年2月11日は、「武蔵」を旗艦とした。「大和」で判明した不備をできる限り改善、司令部施設もより充実していた「武蔵」を、山本はどう思っていたのだろうか。「大和」「武蔵」に将旗を掲げた将官は、山本だけであったのだ。1943年4月17日、視察に赴くがブーゲンビル島上空で搭乗機が撃墜されて戦死、元帥となった。

（文／松田孝宏）

9

《高角砲》 ×6 J7 → J3

似ている形の部品は番号を間違えないよう注意しましょう。

《高角砲》 C28
《高角砲》 C27
C30 C29 C26 C25

H1 → Y2 → L5

H1 → Y2 → L6

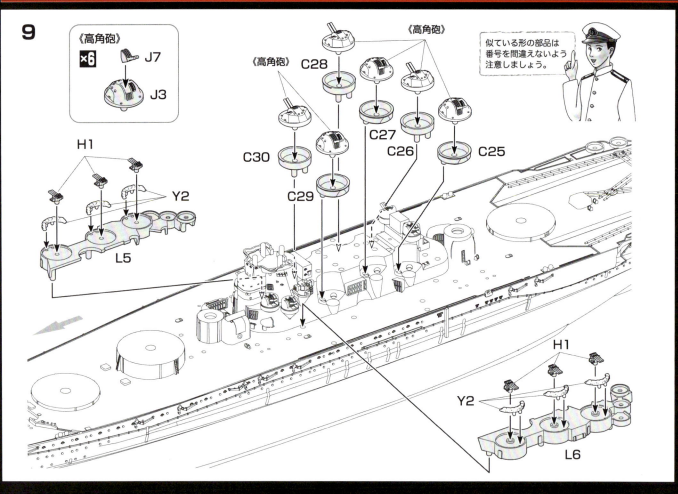

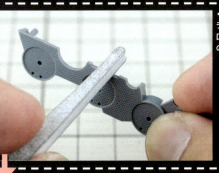

◀三連装機銃が載る増設台座はランナーのゲート跡（切り出し口）がパーツの合わせ目になるので、丁寧に整形しておきます。

◀接着した基部の左右パーツが乾いたら接着線を処理します。400番、600番のヤスリスティックでヤスって合わせ目を消してやります。

◀このキットでは複数のスライド金型を使って複雑な形状のパーツを一体成型しています。艦橋もこの基部に階層を重ねて形づくっていきます。上面にアンダーゲートがあるので切り出した部分の整形は丁寧に行ないましょう。

◀測距儀の下の足場（艦橋に電探が搭載されたあとに追加された）もエッチングパーツに置き換えますので、このタイミングで切り取ります。

◀後部艦橋は左右パーツの貼り合わせで作ります。まずはパーツを貼り合わせて流し込み接着剤を流します。そして上部に艦橋パーツを接着します。

◀艦橋の窓枠はすべてエッチングパーツに置き換えます。組み立て前にナイフで削り取っておきます。あとで調整できるように削りすぎに注意です。まずは残し気味に削り取っておきます。もしエッチングパーツの取り付けがきつい場合は残し気味にした部分を少しずつヤスリで削って対応します。

大和型戦艦人物伝⑥
激戦のレイテ沖海戦をくぐり抜けた大和艦長
森下信衛

大野艦長のあとを受け、艦長となったのが森下信衛である。1895年生まれの愛知県出身、海兵45期を卒業後は水雷一筋である。海軍大学や教官職以外は「潮っ気に富んだ」と評される海上勤務ばかりで、駆逐艦の水雷長、駆逐隊司令、水雷戦隊参謀、「大井」「川内」「榛名」各艦長を歴任して1944年1月25日、「大和」艦長を拝命した。艦長職としての森下は、ガダルカナル島の戦訓も鑑み「常に明鏡止水の境地というか、常に自由自在の心境にあり、いかなる事態に立ち至るも臨機応変の処置をとることが肝要」と考えていた。事実、その通りの指揮をみせることになる。

着任後、激しい訓練を課すものの階級を問わず親しく接し、達人、名人と称揚された操艦術を持つ森下は乗員から絶大な信頼を寄せられた。森下の戦後手記によれば、遠距離の敵編隊には主砲の三式弾で混乱に陥れ、接近した敵機には全砲火を浴びせる。急降下または水平爆撃を試みる敵機にはその前に一斉回避をして照準と命中を困難とさせる。雷撃機には艦の首尾線を向けて標的面積を少なくするものとしていた。しかし、船体が大きく鈍重な「大和」による「敏速な回避はきわめて難しく、多数の航空機を回避することは、もっとも苦手とするところ」だったという。

巷間伝えられるほど自信をもった操艦ではなかったようだが、防空指揮所で森下の後方に配属されていた兵によれば、操艦を指揮する森下の姿は神々しく、誇張なしに神様と思えたという。その兵は爆風で負傷したものの、かすり傷ひとつ負っていない森下の後ろ姿に、この方が艦長である限り「大和」は絶対に沈まない、との確信を抱いたと賛辞を惜しまない。

森下といえば、マリアナ沖およびレイテ沖海戦と、「大和」最大の戦いを指揮したことで知られる。マリアナは味方機への誤射など不本意だったものの、少将に進級していたレイテ沖海戦ではついに「大和」の生涯で唯一となる敵艦と交戦の機会を得る。戦後手記が興味深いので何度か引用して紹介するが、米護衛機動部隊発見時は「じつに思いがけないことである。さんざん痛めつけられた、憎っくき機動部隊で洋上で出会い、この時ばかり一同、快哉を叫んだ」という。

相手は戦時急造の護衛空母であったが、森下は「正規空母の一集団と直感」していた。待望の主砲射撃については「千載一遇この時と、一発必中の気迫をこめた巨砲は、殷々と空をとどろかす」と万感の思いが窺える。周知のとおり米艦隊はスコールや煙幕で懸命に避退するが、これに対しては「ついに日本海軍初めてのレーダー射撃を行なった。その初弾が空母に命中したのを確認したが、その後の効果を認めることができなかった」と判断しており、資料や証言がほぼ出つくしたと思える現在の視点からは興味深く感じる。この戦闘で一部の兵が海面の米兵を機銃で撃つ一幕があったが、制止したのは森下であった。

なお、先述した兵によれば森下は有名なくわえタバコ姿で指揮を執っていたわけではなく、戦闘の合間に尻のポケットから小瓶を取り出してなにかを飲んでいたという。

作戦はいわゆる「謎の反転」によって失敗となったが、北上命令が出た際の森下はけわしい表情で前方を見つめていたと伝えられる。実際に接したことのある将兵によれば、気性からしてレイテ突入を支持していたと思えるが、艦長のためそれを表明する立場ではなかった、とのことだ。余談ながらある兵によれば、ふだんの森下は残された写真よりもいかめしい雰囲気だったという。「武蔵」はじめ多くの艦が沈んだレイテ沖海戦で、「大和」は数発の直撃弾や至近弾を受けた程度にとどまった。命中時は電灯が消える程度しか被害がなかったものの、無防御部には相応の損害を出し、破口から2区画に浸水、傾斜を招いたとのことだ。

レイテ沖海戦から約1カ月後の11月25日、森下は第二艦隊参謀長となるが、その旗艦は「大和」であったためあいかわらず艦を降りることはなかった。戦況は好転の見込みもなく、翌年の4月には米軍と戦う味方守備隊のため最後の水上部隊として第二艦隊の沖縄出撃が決まった。しかしわずか10隻の艦隊は米軍機の大編隊によって「大和」以下半数以上が沈められ、作戦は中止となる。「大和」の沈没にあたり、「もうこのへんでよいと思います」と伊藤長官に進言したのは参謀長たる森下であった。有賀艦長に対しても、同期の気安さで「有賀、もうだめだな」と応じた。沈没時は伊藤長官や有賀艦長同様に艦に残ろうとする部下たちを殴って叱咤、退艦させた。

海運総監部の参謀副長で終戦を迎えた森下は、1946年に2カ月ほど呉地方復員局長官を務め、以後は故郷で過ごした。「大和とともに死にたかった」と漏らしたことある戦後の森下の胸中は、どんなものであったろうか。1960年6月17日に逝去した。

（文／松田孝宏）

◀1944年10月24日、シブヤン海においてアメリカ空母機の空襲を受ける大和。森下艦長のもと、軽微な損害でここを突破し、サマール島沖海戦でついにアメリカ艦隊と交戦することとなった。
(Photo/U.S.NAVY)

11 《艦橋》

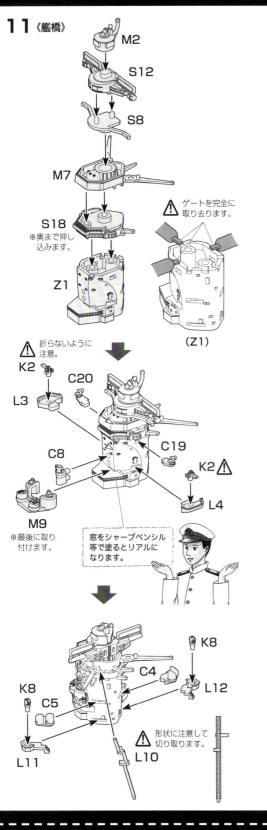

◀艦橋を組み立てていきます。機銃などの細微なパーツも貼ってしまいます。

◀艦橋の各パーツができあがりました。あとはエッチングパーツを貼り込んでから重ねて組み立て上げます。

◀三連装機銃も台座に貼り付けて組み立てます。

◀組み立てた機銃座を台座に接着していきます。ここはあとでまとめて艦体色で塗装しますのでこまかいパーツはすべて接着してしまいましょう。

◀煙突の天井パーツは格子状になっていますが、これもすべてエッチングパーツに置き換えます。ワクだけを残してすべて切り取って整形しておきます。

◀煙突や艦橋、砲塔のパーツのほかこまかいパーツはそれぞれの部位で接着、整形したら、このように一度に塗装できるように並べておきます。

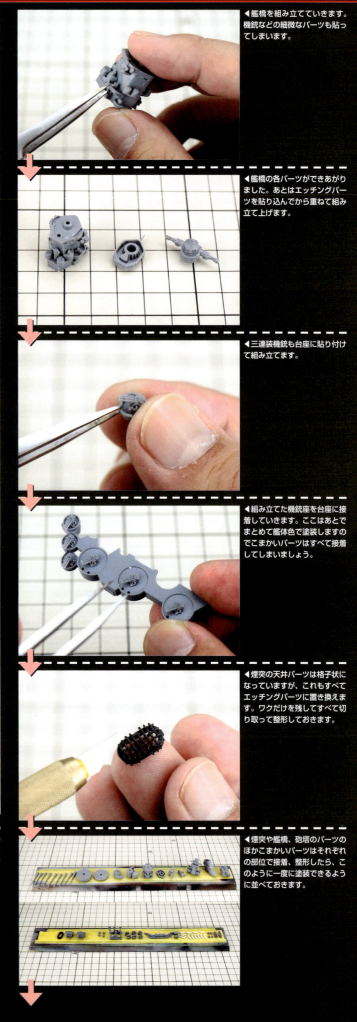

大和型戦艦人物伝⑦
天一号作戦で大和を指揮した最後の艦長
有賀幸作

写真提供／光人社

　「大和」最後の艦長となったのが、有賀幸作大佐であった。1897年長野県に生まれ、海兵を45期で卒業した。別項でも触れたように同期には森下信衛、古村啓蔵らがおり、3人とも大和型戦艦に関わることになる。有賀も水雷専門だが、海軍大学を出ていないため同期ふたり以上に陸上勤務には縁遠い。

　駆逐艦長、駆逐隊司令の経歴を重ねていた有賀は、開戦時にも第4駆逐隊の司令を務めていた。そしてミッドウェー海戦では、傷ついた空母「赤城」を処分すべく雷撃する辛い任務を担った。ガダルカナル島の戦いでは何度も輸送に赴くが、危険の多い任務に僚艦が「故障」するなか、有賀は平然としていた。水虫のため草履履き、治療をさせながら指揮をしたという逸話がよく伝えられるが、仕えた者たちの信頼は厚く、ある者は「真の武人」との激賞を惜しまない。大戦中期は「鳥海」の艦長を務めるが、乗員一同は「有賀艦長がいる限り絶対に沈まない」と自信を持っていた。

　そんな有賀はとにかく地上勤務が嫌いで、病気で艦を降り海軍水雷学校教頭職に就いても「こんなところで何の勉強をする」と消極的な態度だった。それだけに1944年11月、「大和」艦長を内示されると息子・正幸に「死に場所を得て男子の本懐これに勝るものなし」との手紙を出した。喜び勇んだ有賀はカイゼル髭を落として着任したが、逼迫する戦局に燃料、物資も不足しており、訓練も制限されていた。同期の古村啓蔵は、訓練不足をこぼす有賀に驚かされている。

　第二艦隊の沖縄出撃を説得するため「大和」に来艦した草鹿連合艦隊参謀長によれば、有賀は「下腹を軽く手の平でたたきながら、ニコニコとうなずいていた」という。出撃前に伊藤長官の指示で乗艦間もない少尉候補生（海兵74期生）や老兵たちは退艦していったが、彼らの説得を行なったのは有賀や候補生指導官の清水副砲長であった。

　出撃した第二艦隊は早々に米軍に発見され、「大和」は大編隊の攻撃を受けて沈んだ。沈没間近と悟った有賀は「大和」を北へ向けるよう命じたが、もはや艦は動かなくなっていた。「大和」とともに沈んだ有賀の様子は諸説が伝えられるが、艦長伝令だった塚本高夫によれば鉄兜に防弾チョッキ姿の有賀は「指揮用の白手袋で羅針儀につかまり、身を支えていた」とのことで、この姿のまま沈んだと思える。多くの資料は身体を羅針儀に縛り付けていたと伝えるが、塚本によれば身体を縛るものは周囲になかったという。

　4月7日の戦死時は大佐だった有賀は、二階級特進して中将となった。
（文／松田孝宏）

①エッチングパーツの基本的な貼り方

▲真ちゅう製のエッチングパーツにはそのままでは塗料が載りません。プライマーを塗る必要がありますが、パーツ単位ではあまりにこまかく塗布したかどうかの確認が困難です。そこでまずはじめにシート状態のままプライマーを塗布してしまいます。シートのフチにクリップで持ち手を付け、エアブラシを使って塗装するといいでしょう。塗装後は充分に乾燥させます。

◀エッチングパーツを切り出す際、初心者がやりがちなのが、柔らかいクッションマットの上で切り出してパーツを曲げてしまうことです。なれないうちは固めのマットの上でパーツを切り出すといいでしょう。写真ではわかりづらいのですが、厚目のアクリル板の上で切り出しています。市販されているガラス製のカッティングマットでもいいでしょう

◀ここでは艦後部の航空機作業甲板左右のグレーチングに貼るエッチングパーツを切り出しています。

◀B36番とB42番、B53番とB63番、左右で4つのエッチングパーツを切り出します。切り口の整形をしたくないので、ここでは最初からパーツギリギリの位置を狙って切り出しています。

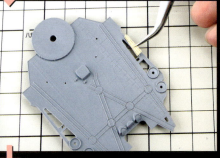

◀さきほど開口したグレーチングに切り出したエッチングパーツを這わせてみます。もし切り口の残りが干渉するようでしたら、紙ヤスリで整形しますが、専用品設計ですのでほぼそのままパーツ同士はフィットするはずです。

◀接着の方法は26ページで紹介したとおり、取り出しておいた、ゼリー状瞬間接着剤とサラサラ系瞬間接着剤をパーツですくい、固定していきます。ガッチリ固定されている必要はありませんので、接着剤を付けすぎずに「チョンッ」とパーツで接着剤をすくうのがキレイに仕上げるコツです。

◀瞬間接着剤といっても位置決めの猶予は若干ありますので、慌てずに正しい位置にパーツを接着します。

◀4枚のグレーチングパーツをすべて貼りました。強度に不安があるようでしたら、裏から流し込み系瞬間接着剤を少量流してもいいでしょう。

◀パーツを切り出す>接着剤をすくう>プラパーツに貼る、という流れで水密扉や手すりを貼っていきます。手すりの一部は船体の形状に合わせて曲げる必要があります。これはパーツ同士をあわせながら曲げる角度を決定します。

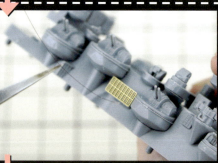

◀上部構造物の横の通風口(A95)も接着します。伸ばしランナーを使ってパーツのスミ、裏側から瞬間接着剤を流し込んで補強してやります。これは上下でいえば下、表裏でいえば裏側にあたる、完成後に見えづらい方向から接着剤を流し込むのがセオリーです。そうすることで完成後の見栄えがアップします。

◀上部構造物へエッチングパーツやラッタルなどを接着し終わったところです。高射砲まわりの手すりなどは丸く曲げてフィッティングしていますが、この方法はのちほど紹介します。

②主砲に手すりを貼っていこう

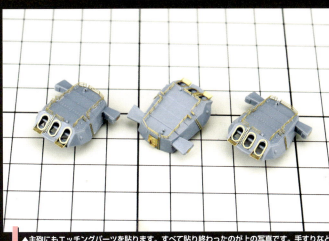

▲主砲にもエッチングパーツを貼ります。すべて貼り終わったのが上の写真です。手すりなどを先に貼ってしまうと、パーツを持つところがなくなりますので、作業の順番も重要になります。まずは水防扉やラッタルを貼っておいてから最後に手すりを接着し、あとは破損を防ぐために触らないようにしましょう。

◀51ページで工作をした主砲前面部。ここはエッチングパーツを貼る前にもう一度整形の状態も確認しておきましょう。

◀これまでと同じ要領でエッチングパーツを貼っていきます。この時点で砲塔後部の水密扉、前後左右のラッタルは接着済みです。

◀この主砲に必要な手すりパーツは一基につき5個。最初にすべて切り出しましょう。切り出しと接着の作業の行き来はパーツの破損など不慮の事態をまねくので、ひかえたほうがいいでしょう。

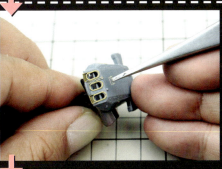

◀まずは前方の手すりの位置の基準となる正面中央の短い手すりからはっていきます。目分量ですが、正面中央に貼り付けます。位置は天面のフチギリギリに載る程度でいいでしょう。

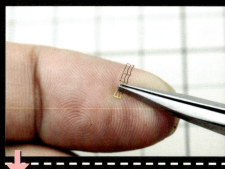

◀次に右前方の手すりを貼ります。これはジグザグに折れ曲がっているのが特徴です。折位置はすべて手摺りの支柱部分にあたるように設計されているので折位置で迷うことはないでしょう。このパーツには柱は三本ありますが、左右の一本ずつからそれぞれ左右におります。まずは短い手すり側を左に折ります。指先の柔らかさを利用して先の平らなピンセットで曲げます。まっすぐに曲げること。

◀反対側の長い手すりのほうも支柱を中心に今度は反対側、右に向かって折ります。

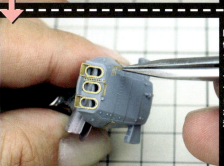

◀正面に貼ったラッタルぶん隙間を空けて手すりを貼ります。位置を合わせると、天面のラッタルのモールドのところまでちょうど手すりが届くのがわかるでしょう。プラパーツにあわせてみて手すりを曲げすぎていたら戻してやります。位置合わせがOKでしたら瞬間接着剤で接着します。

大和型戦艦人物伝⑧
武蔵に将旗を掲げた二人目の連合艦隊司令長官
古賀峯一

太平洋戦争時では二代目の連合艦隊司令長官となる古賀峯一大将は、着任から戦死まで「武蔵」に将旗を掲げ続けた。1885年に佐賀県に生まれ、海兵34期の出身。根っからの大艦巨砲主義者ながら、航空主兵を唱えた2期先輩の山本五十六とは仲が良かった。

平時は軍令部勤務が多く、開戦時は支那方面艦隊司令長官職にあった。連合艦隊司令長官就任は、前任となる山本五十六の戦死が極秘とされたため親任式もないひっそりとしたものとなった。「勝算は三分もない」と戦況を正しく判断していた古賀は、艦隊決戦による戦局挽回を企図していた。米機動部隊来襲のおそれありとの判断で「武蔵」「大和」の第一戦隊を含む決戦部隊（第二、第三艦隊）を出撃させたこともあったが、米空母は真珠湾に在泊との報告でいたずらに燃料を消費する結果となった。

1944年3月31日、パラオの連合艦隊司令部は米機動部隊の空襲を避けるべく、ダバオに向け飛行艇で出発した。しかし古賀長官の乗る1番機は低気圧に巻き込まれて行方不明となった。これが海軍乙事件で、殉職とされた古賀は元帥となった。古賀の死後、「武蔵」に将旗が翻ることはなかった。

（文／松田孝宏）

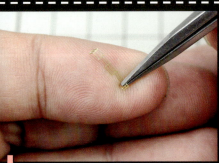

◀右後部の手すりも折り曲げていきますが、最後部は直角ではなく80度程度になりますので注意してください。

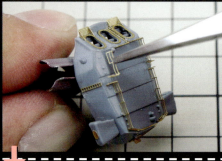

◀前方左側の手すりパーツをL字に折って接着すれば手すりは完成です。

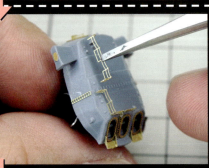

◀後部のラッタルに手すりのフチがとどくように注意して位置調整します（前部も後部もラッタルのくる位置は手すりが切れています。ここではそれにあわせたパーツ分割になっていることに注意）。おり曲げ角度に注意したら接着します。

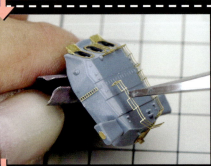

◀手すり左後部は3箇所折る必要があります。後部のラッタルから左側面のラッタルへと手すりは続きますので、ちゃんと収まるようにエッチングパーツを折るわけですが、専用品として開発されていますので、折る角度さえ注意すればきれいに収まるはずです。

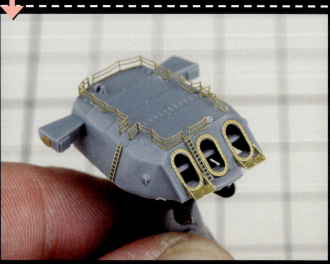

▲接着が怪しいところがないかチェックします。浮いていたり、接着されていなければ接着剤を伸ばしランナーで付けてやり固定します。

③副砲側面、後面に外壁を貼る

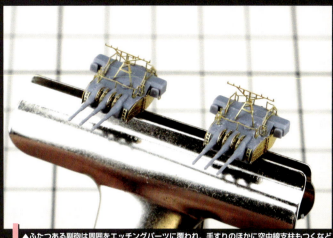

▲ふたつある副砲は周囲をエッチングパーツに覆われ、手すりのほかに空中線支柱もつくなど派手な見た目になります。ここではまず砲塔外周をエッチングパーツで覆う方法をご覧にいれます。

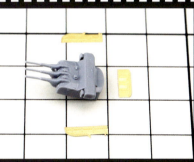

◀外周を覆うパーツはこの3つ（A128、A129、A130）。まずは切り出しますが外周は平面ではないので曲げないとキレイにフィットしてくれません。側面は途中から平面の角度が変わるので折ってやりますが、後面はアールがついた曲面なのでエッチングパーツを丸く曲げてやる必要があります。

◀まず側面にエッチングパーツを合わせてみます。

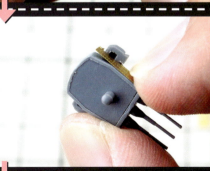

◀すると角度がついているぶん、エッチングパーツが浮いてしまいます。このカドにあたる部分でエッチングパーツを折り曲げてやる必要があります。

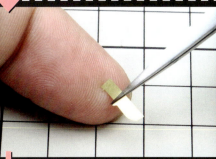

◀折り曲げる位置に目算をつけたら、ピンセットの直線部分を軸に指でゆっくりと、たわまないように軽く曲げます。

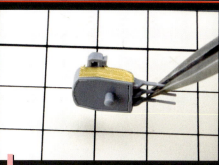

◀曲げすぎたら戻してやります。パーツに合わせてフィットするか確認しましょう。このようにパーツにおいても浮かない状態になったら瞬間接着剤を流して接着します。

◀このあとは直接手で持つのが難しくなるので必ず持ち手をつけてやりましょう。塗装などにも使う大型の目玉クリップに挟んでやるのもひとつの手段です。

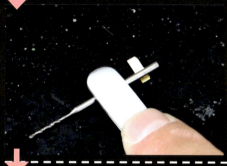

◀次に後部エッチングパーツ（A129）を曲面にフィットさせる方法です。ご覧のようなモーターツールのビットを使います。モーターツールを持っていない方は同じような形状の金属棒でもかまいません。今回使っているのは根元が2.34mmのホビー用のドリルの刃ですが、これをゴム板の上でエッチングパーツに載せています。さらにピンセットの柄をドリル刃に押しつけています。ここから……

◀ぐっと力を入れながらピンセットの柄を前方に押し込みます。するとドリル刃が回転し、エッチングパーツをプレス。ゴム板に軽くめり込みながらドリルが回転してすすむので、エッチングパーツが曲がっていきます。必要な曲がり具合になるまでピンセットの柄に力を入れながら前後させます。ゆっくりと、力を入れすぎずに動かしましょう。

◀何度もエッチングパーツを副砲塔パーツの後部に当てながら、曲げすぎないように注意しながら丸くしていきます。

◀接着の際は面積が広いので、先にプラパーツの中央よりに瞬間接着剤を塗布しておいてから、パーツを貼り付けます。

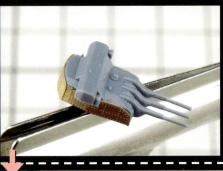

◀副砲塔の周囲4面をエッチングパーツで囲みました。天面側にパーツがはみ出さないようにエッチングパーツ同士がそろうように注意しましょう。

④後部艦橋の丸い手すりの取りつけ方

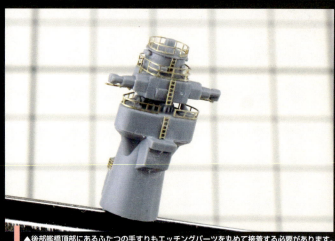

▲後部艦橋頂部にあるふたつの手すりもエッチングパーツを丸めて接着する必要があります。ここでもエッチングパーツを丸めて艦橋のサイズにあわせる方法を紹介します。

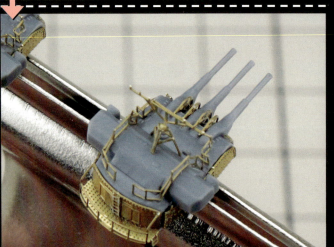

▲あとは砲身の間にガード(A134)をとりつけ、手すりを貼ります。最後に別に組んでおいた空中線受けを天井に接着して完成です。点付けで接着したパーツは、あとから伸ばしランナーで瞬間接着剤を足して補強するといいでしょう。瞬間接着剤をつけすぎて汚くならないようにするのがコツです。

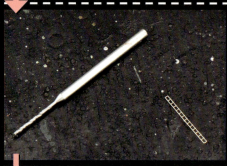

◀頂部の手すりはA42エッチングパーツです。これを切り出し、またもやドリルの刃を準備します。

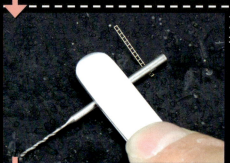

◀ゴム板の上で写真のようにエッチングパーツとドリル刃とピンセットの柄をセット。

大和型戦艦人物伝⑨
大戦後期の連合艦隊を指揮する
豊田副武

豊田副武大将は連合艦隊司令長官として、マリアナ沖海戦から沖縄戦まで「大和」「武蔵」最大の激戦を指揮した。1885年大分県に生まれ、海兵は33期である。

豊田の司令部は我の強い首席参謀・神重徳大佐がいて、レイテ沖海戦や沖縄出撃にも大きく関与している。豊田によれば「武蔵」が沈んだとの報告に、司令部は声も出ない雰囲気に包まれていたという。

沖縄出撃も神大佐が強く主張、これが決定すると草鹿参謀長が命令を伝えることになり、「生涯でもっともつらい」瞬間だったと述懐する。どうみても無謀な作戦を決済したのは豊田となるが「できることはなんでもしなければならぬ」「戦争は水物である。果たし

て丁が出るか、半が出るか賽を投げてみたうえでなければわからない」との思いであった。理由はどうあれ、成功見込みに乏しい作戦を断固として退けなかった批判は免れない。豊田を取材した記者によれば、「高速では片道の燃料しかなかった」「(生還を期さなかったかという質問に)燃料があったら帰ってこいということにした」そうだ。

戦後は『最後の帝国海軍』ほかいくつかのメディアで発言しており、1957年9月22日に逝去した。

（文／松田孝宏）

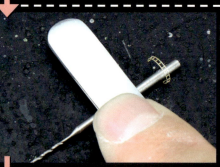

◀ゆっくり前方にピンセットを押してドリル刃を転がします。行ったら、ゆっくりもどします。

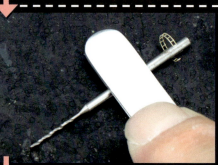

◀何度か繰り返しているうちにエッチングパーツは曲がっていき、輪を描くようになってきます。

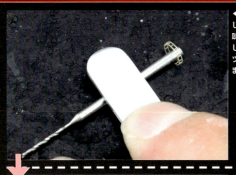

◀円状のエッチングパーツは閉じながら調整するよりも広げ気味にもどしたほうが形をキープしやすいので、エッチングパーツの始点と終点がくっつく程度まで曲げてしまいます。

◀艦橋頂部の外周にキレイに合うようにサイズを調整したら、瞬間接着剤をすくって貼り付けます。目立つ箇所なので接着剤は極少量だけ使用します。

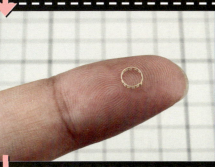

◀うまく調整するとこのようにエッチングパーツがキレイな輪を描きます。実際にはラッタルのぶん隙間を空けますので若干戻し気味に広げます。

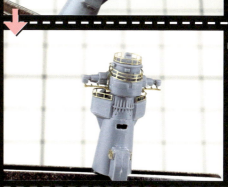

◀位置決めを慎重にしながら、ほかの手すりやラッタルも接着します。

⑤ 13号電探の組み立て

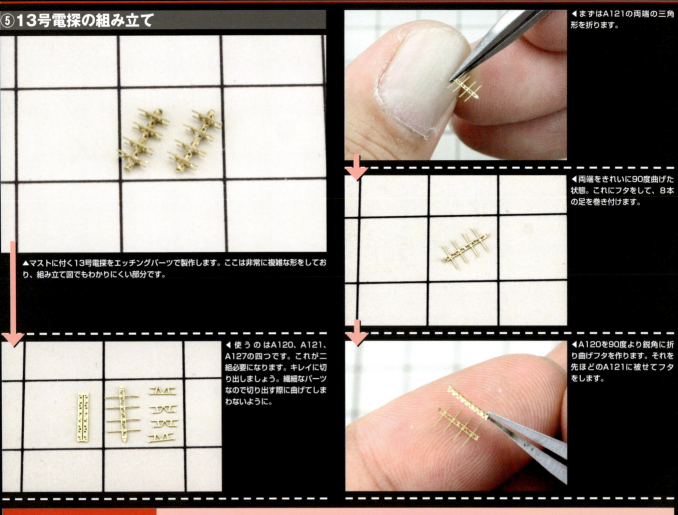

▲マストに付く13号電探をエッチングパーツで製作します。ここは非常に複雑な形をしており、組み立て図でもわかりにくい部分です。

◀使うのはA120、A121、A127の四つです。これが二組必要になります。キレイに切り出しましょう。繊細なパーツなので切り出す際に曲げてしまわないように。

◀まずはA121の両端の三角形を折ります。

◀両端をきれいに90度曲げた状態。これにフタをして、8本の足を巻き付けます。

◀A120を90度より鋭角に折り曲げフタを作ります。それを先ほどのA121に被せてフタをします。

大和型戦艦人物伝⑩
アメリカ護衛空母部隊をあと一歩のところで取り逃がす
栗田健男

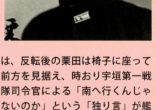

写真提供／光人社

　第2艦隊司令長官として「大和」「武蔵」最大の戦いを指揮したのが栗田健男中将である。1889年茨城に生まれ、海兵38期卒業の水雷屋として艦隊勤務に勤しんだ。驚くほど陸上勤務が少なく、艦長や司令官職を歴任した。海軍大学も、エリートの道に連なる甲種ではなく乙種学生として学んだ。
　1940年に第7戦隊司令官に就任、そのまま開戦を迎える。同戦隊は主砲を換装して重巡にクラスチェンジした最上型4隻で編成されており、栗田の経歴に見合う期待が見て取れる。しかしながら、開戦してみると本人の心情はどうあれ海に生きてきた提督らしからぬ消極的な行動が目立ち、批判が多い。高速戦艦「金剛」「榛名」の第3戦隊司令官時代などは、ガダルカナル島砲撃の命令に渋り山本長官を怒らせている。山本は自ら「大和」で出撃すると息巻いたが、言葉どおりに実行していたらどんな戦果となったろうか。
　1943年8月、栗田は第2艦隊司令長官となった。第3艦隊は空母機動部隊、第1艦隊はのちに解隊となるので、第2艦隊は最強の水上打撃部隊であった。10カ月後の1944年6月、第2艦隊は機動部隊の前衛としてマリアナ沖海戦に参加。機動部隊の惨敗後は夜戦を命じられて米艦隊を追い求めたが、会敵できないまま戦闘は終わった。
　続く10月のレイテ沖海戦において、栗田は戦史にその名を残すことになる。出撃直後に旗艦「愛宕」を沈められた栗田は駆逐艦から「大和」へと乗り継ぎ、新たな旗艦とした。実は栗田は、かねてより旗艦を強力な大和型に変更するよう希望しており、悪い形で実現したことになる。
　栗田は両側から兵に支えられながら「大和」へ移ってきたとの証言があり、ぶるぶると震える姿に落胆したという。その反面、別の証言者によれば艦隊の采配は栗田がテキパキとふるっていたというから、実情がつかみにくい。良い面も悪い面も見られていたということだろう。
　問題とされる反転については諸説あるが、近年は作戦参謀の大谷藤之助を中心に、参謀らが敵発見の電報を「捏造」したためとする説もある。物的証拠もなく、もしあったとしても栗田の関与すら不明である。艦橋にいた者の証言では、反転後の栗田は椅子に座って前方を見据え、時おり宇垣第一戦隊司令官による「南へ行くんじゃないのか」という「独り言」が艦橋全体に響いていたという。
　その後の栗田は海軍兵学校の校長となり、海軍中将で軍歴を終える。戦後は何度かメディアに登場しているが、1977年12月19日に逝去するまでレイテ沖海戦については「疲れていた」「自分にしか指揮できなかった戦闘」など相反する発言しか残していない。

（文／松田孝宏）

◀パーツ同士の隙間から瞬間接着剤を流して固定します。非常に繊細なパーツですから、接着剤を流し過ぎて汚くならないように注意します。

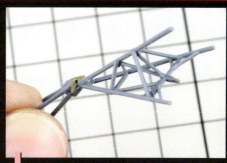

◀完成したアンテナを支柱に固定するために、まずは受けるステーを支柱に固定します。まずは下側にB28を固定します。支柱を受ける切りカキが中央に設けてあるので向きを間違わないように。

◀次に8本の足を曲げていき、本体に巻き付けていきます。持つところがないので、反対側の足を目玉クリップで挟んでおくといいでしょう。

◀ステーに対し、ゼリー状瞬間接着剤をチョン付けしたアンテナを仮止めします。二本とも立てますがこのあと微調整します。

◀8本の足を全部巻き付けた状態。足がまっすぐになるように注意します。この足がA127が接着される足場になります。

◀上側のステー（B37）をアンテナと支柱に固定します。アンテナの位置や向きを微調整します。そのあと、流し込み系接着剤を各部に少しだけ流して完全に固定します。最後に支柱に4本のラッタルを貼ったら完成です。

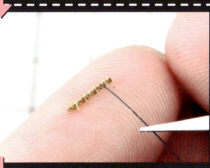

◀まずはこの足場に接着剤を塗布します。

大和型戦艦人物伝⑪
大和沈没時の副長
能村次郎

◀次にアンテナ（A127）を垂直に立てていきます。

◀四本のアンテナ（A127）が足場に対して垂直に、そして四本それぞれが平行になるように位置を調整します。もし指の上でやりづらいようなら、両面テープを貼った板の上などに仮固定し、その板をもってハンドリングしてもよいでしょう。

「大和」沈没時の副長、能村（のむら）の略歴は詳らかではない。戦後の雑誌記事から「戦艦山城砲術長」の経験を確認できたが、レイテ沖海戦時は「大和」砲術長も兼任していた。この他に「映画『戦艦大和』の撮影指導」「海軍水上特攻部隊指揮官として九州基地に在任中終戦」「元海軍大佐」といった事実が確認できる。

戦後は『慟哭の海』を上梓した他、いくつかの手記を発表。沖縄出撃前夜の壮行会では、有賀艦長と連れだって艦内を回っている。能村によれば燃料は片道ぶんの搭載であり、「時こそ到れりと勇躍壮途についた特攻出撃であった」という。

戦闘中の能村は防御指揮所で応急指揮にあたっていたが、たび重なる被害に「大和」の最期が近いと感じた能村は、「物はつぐなう方法があるが、人は二度と還らない。乗員をできるだけ艦外に出さねばならぬ。今その処置をなし得る立場にあるのは自分ではないか」との思いで「傾斜復旧の見込みなし」を伝えた。駆逐艦に救助されて生還した能村は、1954年に初めて開催された第二艦隊戦没者慰霊祭に出席。『慟哭の海』にはその際の弔辞が全文掲載されている。

（文／松田孝宏）

⑥ 煙突へのエッチングパーツの組み込み方

▲煙突も特徴的で、ディテールアップすると非常に目を引く箇所です。ここはラッタルのほかに手すり、そして煙突内部の仕切りなどをエッチングパーツで再現します。

▶写真のようにグッと押しつけ、ずれないようにしながらグリグリと回してやります。ぐっと押しつけると……

◀このように曲がります。もしアールが足りないようでしたら再度筆の柄を押しつけます。

◀左右のパーツを貼り合わせ、不要なディテールを削りとった煙突パーツに黒い頂部プラパーツ（F1）がちゃんと被せることができるのか確認します。

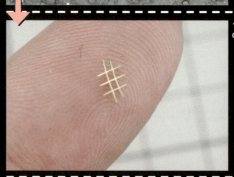

◀写真でわかるでしょうか。このぐらいのたわみで充分です。

◀F1パーツをはずし、煙突内部の仕切り板を組み込みます。B24とB20の縦板に、B23、B24の横板を組み合わせた格子状のものを作り、煙突内に収めます。各板パーツはスリットが空いているので、間違えないで組み上げることができます。

大和型戦艦人物伝⑫
大和の主砲を一手に握る叩き上げの方位盤射手
村田元輝

1901年、山口県に生まれた村田は1921年に呉海兵団に入団した。当初から射撃の腕は抜群で、1931年から1933年の3年間は主砲射撃戦技訓練で優勝している。その腕を買われてまだ一号艦と呼ばれていた「大和」に着任、間もなく特務少尉となった。一兵卒から軍歴を歩んできた叩き上げのたどり着く先が特務士官であり、みな高い技量を有している。

方位盤射手となった村田は、自分の人差し指でひく引き金に方位盤と射撃盤の機構が集約されていると知るや、酒や趣味をやめ、模型の銃把で毎日訓練を続けた。素早く必要な強さで、つねに一定の力加減で引き金をひくことが理想だったのである。村田の努力と技量に、森下艦長はレイテ沖海戦を前にした森下艦長は村田を艦長室に呼び、酒とご馳走で歓待、「頼みになるのは主砲じゃ。君の力じゃ」と決意をうながした。

しかしサマール沖における米機動部隊との遭遇戦では、村田によれば最初の24発がすべて対空用の三式弾であり、以後の戦闘でも戦果に確信の持てない結果となった。沖縄でも主砲は数回の射撃のみであった。

大尉（戦中、特務の呼称がなくなった）で終戦を迎えた村田は郷里の公民館長職を長く続けていた。
（文／松田孝宏）

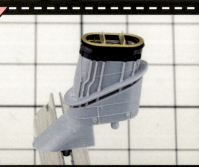

◀F1のプラパーツを被せて接着したあとにB40のオーバル状のパーツを接着します。接着剤は伸ばしランナーを使って内側から流すとキレイに仕上がります。

◀煙突頂部にはメッシュ状のカバーがかかりますが、ふんわりと丸みを帯びた網を再現するには、押しつぶして形を作るしかありません。今回は弾力のあるゴム板の上で筆の柄のお尻の丸い部分を押しつけて形を作ります。

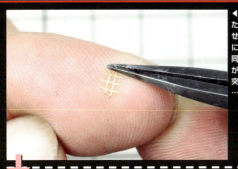

◀今度はさらに煙突に接着するために足を立てなくてはなりません。10本の足をすべて内側に曲げてやります。できるだけ同じ長さで足を曲げてやりますが、目算でやってもキレイに煙突頭部に接地しません。そこで……

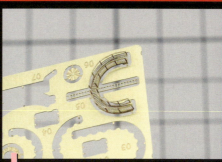

◀次に外側の手すりA40を接着します。ここから足場のパーツごと切り出します。

◀今度はカッティングマットの上に裏返して、ピンセットの柄を使って、上から軽く押しつぶします。こうすることで10本の足が接地するようになります。見た目でカッティングマットから浮いている足があれば再度押しつぶしますが、あくまでも軽く調整するだけです。

◀切り出したA05と手すりは、前後のラッタルを必要な角度に曲げて煙突に接着します。ここは調整する必要なく組み上がります。

◀先ほどの煙突にメッシュパーツを載せてみます。前後はB25、仕切られた中央はB26を使ってメッシュを再現します。浮いたり、形が整わないようだったら再度調整します。

◀A05をフィッティングさせつつ上に伸びたラッタルをパーツの形状に沿って変形させます。下へのラッタルはまっすぐ降ろせばよいでしょう。

◀調整が終わったらそれぞれの足の内側からサラサラ系瞬間接着剤を流して固定します。

◀煙突の基部パーツには床板のエッチングパーツA01を貼り付けます。この上に煙突を載せて接着します。

◀煙突には組み立てが難しい足場と手すりがあります。A10がそうです。これは足場を貼ってから手すりを貼るというものですが、この手順では無理があります。そこで足場パーツを切り出す前に、手すりをはってしまいます。左右ともに外側がA40、内側がA44の合計4枚です。まずこれらを切り出して、先ほどの丸める要領で足場に合わせてアールを付けます。

◀煙突を基部パーツに接着し終わったら、今度は後方からジャッキステーを接着します。下の段から差し込んでいきましょう。

◀まずは左右の内側の手すりA44を接着します。伸ばしランナーで瞬間接着剤を流し込みます。

◀ラッタルの位置が決まったら接着棒で瞬間接着剤をとり、ラッタルの足部分に流し込みます。裏から流してやると見栄えよく仕上がります。

◀煙突に後方から付くジャッキステーは3本で中央が一番長いパーツになります。横から見たときにこのようにキレイに平行に並ぶように調整します。難しいときはジャッキステーを一度、プラモデル用接着剤を点付けして接着し、三本ともバランスを見てOKになってから接着棒で瞬間接着剤を流し完全に固定する、という方法をとるのもいいでしょう。

⑦測距儀周囲のエッチングパーツの工作

▲艦橋まわりはエッチングパーツに置き換えるパーツがたくさんあります。そのための作業の順番も重要になります。まずは21号電探の付け方を紹介します。

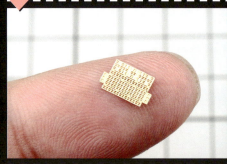

▲煙突正面にラッタルを接着したら、最後に煙突周辺のジャッキステーを貼っていきます。右、左で対称になるようにバランスよく貼っていきましょう。

◀21号電探のパーツはB12で左右とも同じものをつ使います。まずはふたつ切り出してから箱組みして作ります。

大和型戦艦人物伝⑬
大和型2隻からなる第一戦隊を率いてレイテ沖海戦にのぞむ
宇垣纏

写真提供／光人社

「大和」に将旗を掲げた指揮官は4人いるが、艦に最も強く愛着を抱いていたのが宇垣纏中将であった。1890年に兵学校40期を卒業後は砲術に生き、猪口ほどではないが大艦巨砲主義者として知られた存在であった。

宇垣は「大和」に2度乗艦している。最初は1942年2月、山本五十六を司令長官とする連合艦隊の参謀長としてであった。宇垣の日記『戦藻録』には、「大和それは大したものなり」「長門に比して幕僚何れも居住は数段上等と喜びおれり」という、満足気な記述が確認できる。しかし、6月のミッドウェー海戦に出撃した以外は目立つ行動もなく、トラック進出後も「大和」は旗艦として泊地を離れることはなかった。

2回目の乗艦が、第1戦隊司令官となった1944年5月4日。両舷の副砲を撤去して対空兵装を増備した「大和」に、「敵機恐るるにたらず、新鋭主力艦の誇りたるべし」と宇垣は闘志に満ちており、山本長官が使用した居室、公室での生活も「光栄とや云わん。本艦を以て安らけき死所」とする覚悟も定めた。

宇垣の着任後、「大和」「武蔵」「長門」から成る第1戦隊は1944年6月のマリアナ沖海戦に出撃。この時は目立つ活躍はない。

10月のレイテ沖海戦は主力として出撃するが、シブヤン海の海空戦で「武蔵」が沈むと「我半身を失えり」と嘆いた。サマール沖の戦いでは、米護衛機動部隊との遭遇戦を指揮した。宇垣にとって待望していた戦いであり、「大和」にとっても唯一の対艦戦闘であった。栗田司令部では空母4隻撃沈をはじめ相当の戦果を挙げたと報告、連合艦隊も満足したがむろん誤認であった。レイテ湾を目前にした艦隊の反転に際しては、「南へ行くんじゃないのか」という宇垣の不満が艦橋中に響いたという。

1945年2月、第5航空艦隊司令長官に就任した宇垣は特攻作戦を指揮。4月に「大和」が沖縄へ出撃した際は、宇垣は麾下の航空隊から護衛戦闘機隊を差し向けている。上からの命令によるものではなく、「大和」を気遣った宇垣の独断であった。沈没に際しては「懐かしの軍艦大和は、ついに西海の藻屑となり終わりぬ」と悲しんだ。日本海軍でも、宇垣ほど「大和」「武蔵」を愛惜した提督はいないだろう。

終戦当日の8月15日、最後の特攻隊を指揮して沖縄へ向かい、散華した。宇垣が遺した『戦藻録』は、当時の空気を伝える一級史料として今なお戦史研究には欠かせない必読書である。　（文／松田孝宏）

70

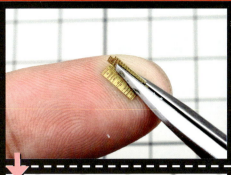
◀エッチングパーツで長方形の箱パーツを組む場合、まず最初に長辺から山折りにしていきましょう。この場合長辺は3箇所あります。それぞれをピンセットの直線部分をつかって挟みゆっくりと指のおなかを使って曲げてきます。

◀電探を接着したあとには測距儀を支える補強材（裏B31、オモテはB44で右左の区別はありません）やB33の足場、2重手すり（A30）など、を貼っていきます。手すりはループにしますが、後部のラッタルの位置にくる部分だけ中段の手すりがモールドされていません。このコマがちょうどいちばんうしろにくるように配置しましょう。

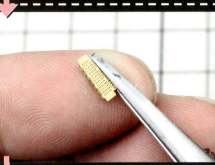
◀短辺から曲げはじめるとピンセットの取り回しができない場合がでてきますので注意しましょう。

◀3つの長辺を折り曲げ筒状態になったら左右の短辺を折り上げます。

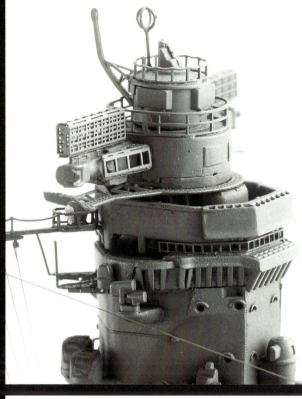

◀完全に折りきらず、じっくりと整えながら長方形にします。先端の平らなピンセットでこのように押さえながら箱の形を整えるといいでしょう。

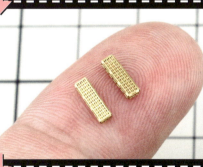
◀同じ要領でふたつの21号電探を箱組みました。曲げるだけでなく、触れあう辺には瞬間接着剤を流して固定しましょう。

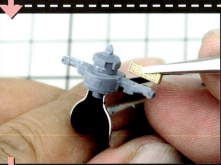
◀不必要な部位やパーツを取り除いた艦橋先端のパーツに21号電探を貼り付けます。左右が曲がらないように調整しましょう。

⑧艦橋の背面のラッタルの接着方法

▲武蔵の艦橋後部にはラッタルがありますが、左右にスイッチバックし、踊り場も多い大和と異なり、武蔵では、比較的直線的にラッタルが降りてきます。しかしこのエッチングパーツでは踊り場の数が多く、大和よりの表現となっているようです。

◀艦橋には水密扉などは先に接着しておきます。次に接着するラッタルをすべて切り出します。A124、A110、B16、A125、B29、A125、B18、A110と切り出します。組み立てる方法は悩みましたが、上から位置合わせをしながら接着していくことにします。

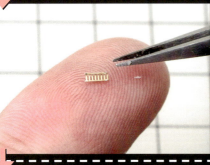

◀まずはラッタルの左右の手すりを折り上げます。キレイにコの字になるように調整します。

◀取り付け位置は一切目印になるものがありません。ですので資料などを参考にラッタルを接着していきます。

◀A110やA125のラッタルは手すりが傾いた形をしていますが、これもキレイに手すりを立ててやりコの字に仕立てます。

◀バランスをみながらA110のラッタルも接着します。先に接着している水防扉に繋がるようにラッタルの位置を調整します。

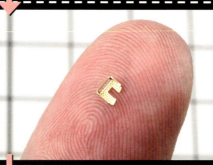

◀最初の踊り場です。B16は足場に3方向の手すりがついた形をしています。細い手すりがついていますので歪まないように折り曲げましょう。

◀踊り場を接着します。水平になるように注意しましょう。

◀煙突上部パーツと下部パーツを連結します

◀踊り場を抜けるような角度でA125を踊り場の下に設置します。

◀再度B29で踊り場を設けます。これは組み立て説明図の指示ですが、武蔵ではここの階段は踊り場なしで下まで降りているように見受けられます。ここでは組み立て説明図通りに組み立てますが、B29を使わずにA125を貼り付けまっすぐ降りたラッタルを再現してもいいでしょう。

大和型戦艦人物伝⑭
大和型戦艦の設計責任者
福田啓二

写真提供／光人社

　ロンドン軍縮条約が失効する前年となる1934年10月、軍令部から海軍省に新戦艦を設計するよう要求がなされた。これが後年に大和型戦艦として結実するわけだが、命を受けた艦政本部では福田啓二技術大佐を設計責任者に、一般配置と諸装置を岡村博技師、船体構造と防御に仲野綱吉技師および沢田正躬（まさみ）技師、諸計算に今井信男技師、総合連絡を松本喜太郎技術少佐が担当するチームで臨んだ。研究は当時から高度の機密であったため、彼らは他の所員らとは離れた、海軍省にある16畳ほどの一室で研究を開始した。さらに嘱託として東京帝国大学の平賀譲博士も迎えているが、ここでは設計責任者たる肩書きを持つ福田技術大佐の視点を軸として大和型の設計について述べる。

　軍令部の要求は46cm主砲を筆頭に桁外れのものであったが、1918年に起工の「陸奥」以来16年ぶりに手がける戦艦を前に、当時は建造を経験した工員がほとんどいなくなっていたため多難な前途が予想された。

　福田によれば、その主砲も嘱託の平賀譲博士から46cm砲10門を搭載すべしと力説されたというが、20数種類の概案から3連装砲塔を前部に2基、後部に1基の配置とした。一般的に戦艦の設計は1番砲塔の重心が重要となるが、特に福田が苦心したのは火薬庫の配置と推進軸との関係から3番砲塔だったという。

　大和型はできるだけ小さな艦型をめざしたことは有名だが、重量、防御区画の長さ、抵抗の兼ね合いを研究すべく、約40種類ものパラフィン製模型を使った実験が重ねられた。副舵を設けた巨艦らしからぬ小回りとなった大和型だが、福田らは船体前部に補助舵を付けることも考えていた。しかし、模型の実験で効果が得られずに見送られた。

　徹底した集中防御方式をとったため無防御部も少なからず存在するが、福田はすべての無防御部分が被害を受けて浸水を招いても、約20度までは傾斜が復元できることを確かめていた。

　むろん、こうした設計上の試行錯誤や工夫は福田ひとりのものではなく、例えば煙突に施した蜂の巣甲鈑は松本技術少佐の考案である。

　最終案の決定は1937年3月末だが、そこに至るまでの苦労は大変なもので、松本によれば福田は「まったく精も根もつかいはたされ」、完成の頃には「急に老け込まれて」いたという。

　技術中将まで上りつめた福田は戦後、石川島播磨重工業の技術顧問を務め、軍艦建造に関する著作も残した。1964年3月29日逝去。

（文／松田孝宏）

大和型戦艦人物伝⑮
大和型戦艦2番艦、武蔵初代艦長
有馬馨

　「武蔵」の初代艦長・有馬馨大佐は1893年に宮崎県に生まれた。海兵を42期で卒業し、砲術を専門とした。海大卒業後は軍令部や戦隊・艦隊の参謀勤務が多く、1941年9月1日に進水から10カ月後の「武蔵」に艤装員長として着任。翌年8月5日の竣工と同日に有馬も初代艦長となった。強力な戦力に強靭な体力は不可欠との信念を持つ有馬は、猛烈な海軍体操の先頭に立った。これが評判となり、「武蔵体操学校」と呼ばれることになる。

　最新最強の戦艦である「武蔵」に期待を寄せていた有馬だが、就任中の本格的な行動は1943年4月18日に戦死した山本長官の遺骨を、トラック島から内地に運ぶことであった。

　有馬は1943年6月21日に海軍兵学校教頭となって「武蔵」を降り、のちに南西方面艦隊参謀長となる。1944年10月24日にシブヤン海で撃沈された「武蔵」乗員のうち697名がコレヒドール島に送られたが、これを指揮して近辺に配したのは有馬参謀長であった。戦後の11月に中将に昇進。教育に関する部署にも少なからず配されたためか、1940年から終戦までと、戦後に書いた文をまとめた『帝国海軍の伝統と教育　戦艦武蔵初代艦長・南西方面艦隊参謀長有馬馨の遺稿』（五曜書房）が上梓されている。1956年1月23日逝去。

（文／松田孝宏）

大和型戦艦人物伝⑯
二代目武蔵艦長、天一号作戦では大和護衛を指揮す
古村啓蔵

　有馬に替わって「武蔵」に着任した古村啓蔵大佐は、1896年に長野に生まれた。海兵45期を卒業、水雷を専攻した。同期生に「大和」艦長を務めた森下、有賀がいる。海大卒業後は駆逐艦長や第二艦隊参謀、英国駐在員などエリートコースを歩んだ。華やいだ経歴の反面、豪放な性格の酒豪としても知られていた。太平洋戦争開戦時は重巡「筑摩」艦長として真珠湾攻撃に参加、南太平洋海戦では被弾して重傷を負いながらも指揮を執り続けた。

　「武蔵」着任は1943年6月9日であったが、勇躍する古村に戦闘の機会は訪れなかった。半年後の12月に第3艦隊参謀長として転出した古村は、1945年4月に第2水雷戦隊司令官として「矢矧」に乗艦、「大和」を護衛して沖縄に向かうことになる。「大和」座乗の有賀艦長と森下第2艦隊参謀長は同期であったため、会議などは和やかなものだったという。しかし「矢矧」は撃沈され、古村は海を漂いながら「大和」の最期を見届けることになった。

　少将として大戦を終えた古村は1967年、同郷の有賀元「大和」艦長の記念碑を作る建設委員長を務めるなど戦後も大和型と縁があった。1978年2月8日に逝去。

（文／松田孝宏）

⑩航空機作業甲板の裏面のエッチングパーツ

◀航空機作業甲板が船体より張り出している部分の裏の梁をエッチングパーツで貼っていきます。組み立て説明図のように甲板に貼ってから甲板と船体を接着する方法では隙間が空きますのでこのタイミングでエッチングパーツを貼ります。

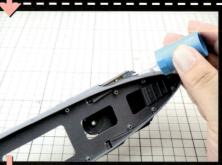

◀位置決めをていねいにやりたいので、まずはプラモデル用接着剤でエッチングパーツを止めていき、位置調整をしてから瞬間接着剤で固定します。

◀貼る梁のエッチングパーツは順番が決まっています。A99〜A108まで各14枚をプラモデル用接着剤を塗って貼っていきます。もともとあったプラパーツのモールドは先ほど削り取りましたが、その跡を目安に並べていくと均等に並べやすいでしょう。

◀左右ともに梁パーツを貼り終わったら並びの間隔をピンセットを使って調整します。キレイに並べ終わったら瞬間接着剤を少量ずつ流し込んで固定します。

▲上部構造物に艦橋と、後部艦橋を載せ接着します。上部構造物に対して艦橋などの積層したパーツの水平がでているか確認しながら作業をすすめましょう。もしどこかが干渉して曲がっているなどした場合はヤスリで接着面を削って修正します。

▲組み立て説明書と照らし合わせて貼り残しがないようにします。また、瞬間接着剤のノリ部分が汚くはみ出している部分はデザインナイフで削り取ります。場合によってはエッチングパーツを剥がして再度接着してもいいでしょう。

⑨張り線用のボーナスパーツが！

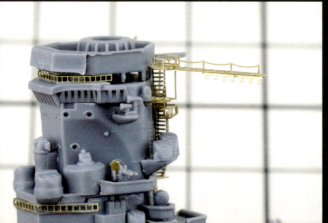

▲艦橋に接着したエッチングパーツ製のヤードは床板（B13、B14）、に手すり（A20、A45）を貼って作りますが、ボーナスパーツとしてB45を床板下に貼ることができます。これはのちに揚旗索を貼るさいの足場になるもので7つの起点がパーツになったものです。ここから張り線をはるとより質感が増します。

⑪艦尾ジブクレーンのエッチングパーツ

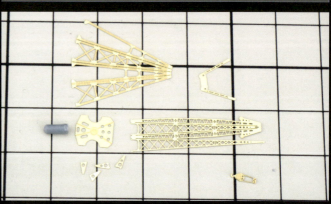

▲薄い板のエッチングパーツは、ディテールを表現しながらも箱組で大きな構造物も表現することができます。ここでは空中線支柱とジブクレーンをエッチングパーツで組み立て、置き換えてみましょう。単純な形ではない構造物を箱組みするさいのコツを紹介します。
まずは使うパーツをすべて切り出します。B50の空中線支柱、A98、B46、A31、A137のジブクレーンを切り出します。クレーンの台座はB32を使い、そこにプラパーツの支柱M20を貼り付けます。支柱にはB60とB61をそれぞれ2枚切り出して梁として貼り付けます。

◀これまでエッチングパーツはランナーからギリギリで切り出せばよい、としてきましたが、こういった大きい構造物を箱組みするさいに注意したいのが切り出した口です。ここが処理されていないと箱組みしたときに辺同士がぴったり合わず歪んでしまいます。ヤスリをあてて、切り口をキレイに処理してから箱組みしましょう

◀箱組みが終わったら両先端から瞬間接着剤を流し、固めます

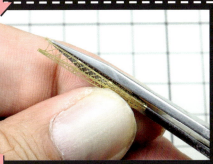

◀こういった作業の場合、ピンセットの入りやすさを考えて折り曲げていきますが、複雑な形状をしているため、一番確実な手順というのがありません。右から、左からと交互にピンセットを入れてゆっくり曲げていきましょう。一気に一辺だけを折り曲げてしまうと、ピンセットや道具が入らず、折り曲げることができなくなる場合があります。

◀クレーンのトラス構造体の完成です。A137のクレーンフックはあとで接着します。

◀折り曲げるすべての辺をそれぞれちょっと曲げては回し、曲げては回ししていくことにしました。

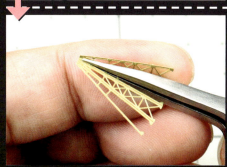

◀空中線支柱はテーパーがついているものの、比較的曲げやすい構造をしていると思います。まずは端の一辺を折り進めます

◀必要であれば先端の細いピンセットに持ちかえるなどして、ゆがみなくトラス構造体になるように調整しつつ曲げます。

大和型戦艦人物伝⑰
武蔵の最初の実戦を指揮した三代目艦長
朝倉豊次

　古村の後任となった朝倉豊次大佐は1894年富山に生まれ、海兵44期の同期生に「大和」艦長を務めた松田千秋がいる。堂々とした体躯、謹厳実直な人柄に「海軍の乃木（希典）さん」と呼ばれたという。専攻は砲術で、艦隊や軍令部の参謀、海兵教官や教育局勤務を経て開戦時は「高雄」艦長として南方作戦に参加した。「武蔵」への着任は1943年12月であったが戦機は訪れず、不運にも米潜水艦の雷撃で被雷した。
　翌44年5月1日の少将昇進後も艦長職にあり、6月のマリアナ沖海戦に参加。「武蔵」や「大和」の第一戦隊は前衛部隊として古村参謀長は小澤司令長官の機動部隊本隊から突出した位置にあった。この時、前衛部隊ではいくつかの艦

◀キレイに断面が四角くなるようにピンセットで各所を押しつけつつ整形してきます。

艇が味方機を誤射してしまうが、「武蔵」では朝倉艦長の冷静な指揮で失態は免れた。この戦いではほとんど戦果はなかったものの、「武蔵」は初めて敵（米軍機）に向けて主砲を放っている。
　8月12日、第1南遣艦隊参謀長として退艦、終戦は昭南島（シンガポール）で迎えた。1948年に復員し、郷里の富山に戻ってからは1952年から1963年まで、黒部市の教育長職に就いて少年たちの教育に尽力した。1966年1月27日に逝去。

（文／松田孝宏）

◀クレーン先頭にぶら下がるプーリーも平行になるようにピンセットで挟んで調整します。歪まないように注意しましょう

75

◀二つ目の辺をピンセットでおりまげますが、完全に折り曲げきらずに、次の辺に移ります

◀台座は裏面にプラパーツと梁を接着します。梁パーツはサイズは変わりませんが、軽め穴がひとつ（B60）とふたつ（B61）の二種類があるので付け位置に注意しましょう

◀最終的には先端の細いピンセットに持ち替え、テーパーの狭くなっている部分をととのえ、全体がキレイな角錐になるように調整します。

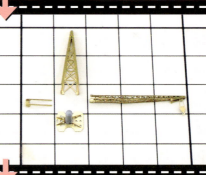
◀クレーン部の各パーツが完成したところ。B46のパーツも折り曲げて作っておくのをわすれないようにしましょう。

◀整形が終わったら裏から瞬間接着剤を流して固定します。はみ出すと修正が面倒くさくなるのでごく少量を流して確認します。

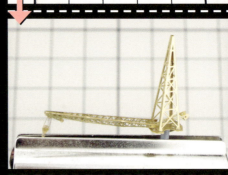
◀台座に付くプラパーツは船体に差し込むためのものです。クリップなどに台座を挟んだらその上に各パーツを貼っていき完成です。

大和型戦艦人物伝⑱
砲術の大家としてその手腕が期待されていた最後の武蔵艦長
猪口敏平

写真提供／光人社

　1896年に鳥取県に生まれ、海軍兵学校を46期で卒業した猪口が「武蔵」最後の艦長となった。専攻は砲術で、砲術学校専攻科学生として「艦砲射砲」を研究した。以後も砲術学校教官職や各艦で砲術長ほか要職を歴任。自他ともに砲術の権威と認めるようになるが、「扶桑」砲術長時代は艦隊戦技で36cm砲最高の命中率と出弾率を記録するなど実力も超一級であった。

　研究だけでなく著述も手がけ、『射撃教範解説』『砲術雑話』などを著した。前者は当時の射撃マニュアルである『艦砲射撃教範』にある射撃指揮法と水上射撃を、書名どおり平易に解説したもの。後者は「石廊」艦長時代につづった砲術に関するエッセイをまとめたものである。

　こうしたことから「武蔵」艦長は適材適所と言えるが、数ある証言のうちすべてが猪口に好意的ではない。一例として砲術学校教頭時代、猪口はネズミ輸送（駆逐艦を用いた物資輸送のこと）で何度もガダルカナル島に赴き、レーダー射撃も受けたことのある駆逐艦長に実情を訴えられた際、大戦を生き延びた当の駆逐艦長たちが「もはや艦艇は飛行機にかなわない」とレーダーの必要性などを説くのに対し、「撃墜すればいい、それができないのは訓練が足りない」と素っ気ない態度だったという。証言には個人の主観も入っていると考えるべきだが、その時の猪口は艦隊決戦の演習ばかりしていたという証言には、戦況に合わないと言わざるを得ない。

　「武蔵」への着任は1944年8月12日のことで、猪口にとって喜ばしい配置だったと容易に想像できる。2カ月後のレイテ沖海戦出撃に際しては「武蔵」の船体を薄ネズミ色に塗り、これが目立ったため「囮」に殉じたのだという説がある。しかしそれは結果論で、輪形陣の外側に位置して、被害の重なった「武蔵」が狙われたに過ぎない。なぜ船体を再塗装したのかはもはや不明だが、『戦艦武蔵　市ノ瀬俊也』（市ノ瀬俊也）に記された、「晴れ装束」という記述は推測ながらも猪口の心情に近いと思える。

　痩身の猪口は威張ったところもなく飄々とした人物だったとの証言もあり、禅に造詣が深いため時に兵を前甲板に集めて座禅を組ませた。勤務や訓練については厳しかったものの、よく通る澄んだ声を持っていた。捷一号作戦が決まると全乗員を集めてその旨を伝え、「この作戦がもし無事にすんだならば、またみんなとここで月でも眺めながら一緒に語るとしよう。わしはそれを楽しみにしておる」と結んだ。

　出撃前、艦隊司令部に回避よりも対空射撃を重んじたこと（松田千秋少将も同様な意見であった）は批判的に語られるが、着任から日が浅く艦に慣れなかったこと（「大和」の有賀艦長もこう評された）、対空射撃や耐弾能力に自信がなかったわけではなく艦の速力不足による判断などが考えられている。どのみち、猪口が頼るべきは射撃だったのだ。

　とはいえ猪口は対空射撃の指揮装置に不備があると感じていたと伝えられ、遺書では威力の不足も指摘している。しかし対空射撃訓練は、実弾がきわめて貴重であるためカッターを艦に見立て、ホースから飛び出す水で模型飛行機を追う「放水射法」と呼ばれる訓練に頼った。なにも笑い話ではなく、飛行機の脅威を古賀高射長が理解しながら実弾不足のためにこうした訓練を案出するほかなかったのだ。

　10月24日におけるシブヤン海の戦闘では、最初の空襲時に射撃方位盤が故障する無念にも泣かされた。沈没を免れたとしても、猪口の満足できる砲撃が「武蔵」に可能だったとは思えない。

　猪口の遺書は現在も全文が公開されているが、「海軍はもとより全国民に絶大の期待をかけられる本艦を失うこと誠に申し訳なし」と詫び（国民のほとんどは「武蔵」を知らなかったが……）、「被害担任艦となり得たる感ありてこの点幾分慰めとなる」という一文から囮説も出たと思われる。

　猪口の最期の様子は、切腹したとする資料もあるが出所は随所に脚色と誤謬のあるとされる書であり、結局のところは不明である。ただ、次男の猪口信（まこと）氏には生前、自分の身体を柱などにくくって沈むと話しており、その言葉どおりに最期を迎えたものと思われるし、猪口信氏もそう信じている。

　2015年3月、シブヤン海に眠る「武蔵」が発見されると、人気やメディアの露出度では「大和」に水を明けられていた同艦が急速にクローズアップされる。いくつもの関連書が出版され、「武蔵」のプラモデルも売り上げが急上昇した。さらには多くの人々が猪口の墓に参るなど、一時期の戦記関連の話題は「武蔵」に集中した。猪口の形見となったシャープペンシルは現在、靖国神社内の遊就館に展示されている。

（文／松田孝宏）

◀大和型戦艦の艦橋頂部には九八式方位盤照準装置や15.5m測距儀「光四ハ金物」が設置されていた。46cm砲の長射程を活かすためのものだったが、重量は照準装置だけで3.5トンもあり、シブヤン海海戦では損傷のため方位盤射撃が不可能となっていた

（写真提供／大和ミュージアム）

艦船塗装編

ここからは塗装について解説します。艦NEXTシリーズは塗装不要を基本としますがエッチングパーツを組み込むということは塗装も必要。どの段階でどこまで塗装を行なうのか、参考にしてください。

▶艦NEXT流塗装術

塗装に入る前に重要なことを確認しておきます。艦NEXTシリーズは接着剤不要、塗装不要とされていますが、今回はエッチングパーツなどを使用する関係上、接着剤も使用し、塗装も施しています。塗装するとその溶剤成分によりプラスチックはわずかですが強度が落ちます。キットは接着剤を使用しないことが前提のためパーツが脱落しないようにダボ穴はきつめです。そこに塗装を施すと力がかかっている部分からパーツが割れてしまうという可能性があります。そこで塗装する場合はダボ穴を少し広げて接着剤でパーツを固定することにします。これらが機銃などとくに小さなパーツの部分に有効です。

◀ここまでで工作はいったん終了。塗装作業に入ります。武装パーツなどは写真のようにマスキングテープを貼った板の上に固定しておきます。エッチングパーツやマスト、クレーンなどは目玉クリップで持ち手をつけます。

◀まずは艦底部分から塗装をはじめます。使用するのはGSIクレオスのMr.カラー29番艦底色です（以下特別なケースを除きすべてMr.カラーを使用します）。このような広い面積の塗装はエアブラシの使用をおすすめします。

◀きれいに塗装できました。船底パーツ内側には写真のように蓋の部分に両面テープなどを貼った塗料瓶などで持ち手をつけておくと作業がしやすいでしょう。

◀艦橋などの上部構造物を一気に塗装します。上部構造物台座の凸部分を目玉クリップで挟み持ち手をつけます。前の工程で塗装した煙突頂部の黒い部分はマスキングテープで保護しておきます。

◀次に煙突頂部の黒い部分を塗装します。使用する色はGSIクレオスの33番つや消しブラックです。エアブラシを使い煙突の内側まで塗料が行き渡るように塗りましょう（奥のほうは影になって見えませんのであまり神経質にならなくてもかまいません）。

◀ここもエアブラシを使えば一気に塗装することが可能です。塗料が乾いたら煙突頂部のマスキングテープを剥がします。ここで軍艦色の塗料が煙突頂部の黒い部分にはみだしていたら筆でリタッチしておきましょう。煙突頂部の黒い部分と軍艦色の部分の境界線はくっきりとわけられています。

◀おなじくマストの上部もGSIクレオスの33番つや消しブラックで塗装します。この部分は煙突の煤煙がかかるので黒く汚れます。その汚れを目立たなくするためにあらかじめ黒く塗装されているのです。

◀船体部分を塗装します。ここでもGSIクレオスのSC01呉海軍工廠標準色を使用します。艦首の錨鎖甲板と艦尾の航空作業甲板もまとめて塗装してしまいましょう。なお今回の製作記事ではパーツは基本的に接着していますがここでは後部の航空機作業甲板は接着しません（理由は次のページで解説します）。

◀次は武装などの小物類を一気に塗ってしまいましょう。今回使用したのはGSIクレオスのSC01呉海軍工廠標準色（日本帝国海軍工廠標準色セット）です。まず適当な板にマスキングテープの粘着面が上になるように貼った簡易塗装台の上にパーツを固定します。

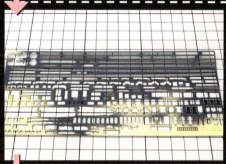

◀エッチングパーツの大半はすでにこれまでの工程で使っていますが、船体の周囲を巡る手すりはまだ設置していません。これらは最後につけることになります。手すり部分はエッチングパーツシートについた状態のまま塗装しておきましょう。

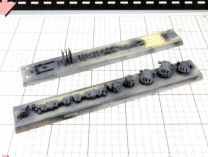

◀エアブラシで一気に塗料を吹き付けて塗装は完了です。

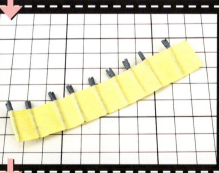

◀武蔵の象徴たる46cm主砲です。こちらは左の工程で軍艦色の砲身部分はすでに塗装済みです。ただし砲身基部の防水布の部分は再度塗装する必要があります。写真のように砲身をまとめてマスキングテープを覆ってしまいましょう。

◀黒く塗ったメインマストの上部はマスト下部を軍艦色で塗りわけるためにマスキングしておきます。13号電探を壊さぬように注意してください。

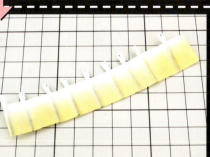

◀防水布の部分を塗装します。使用したのはGSIクレオスの62番つや消しホワイトです。この部分は砲塔にはめる際にこすれて塗料が剥がれてしまうことがあります。その場合は筆でリタッチしましょう。

◀ふたつに分割された上甲板を塗装します。使用したのはGSIクレオスの33番つや消しブラックと62番つや消しホワイト、SC06リノリウム色、SC01呉海軍工廠標準色（日本帝国海軍工廠標準色セット）を混色したもの。レイテ沖海戦時の武蔵は木甲板を上空から目立たなくするために黒く塗ったといわれています。

◀「ミラーフィニッシュ」を貼ったら綿棒でシャフト本体になじませます。「ミラーフィニッシュ」の素材は伸縮性があるのでピッタリとフィットします。シート同士が重なりあう部分も丁寧に密着させればほとんど見えなくなります。

◀本来は上甲板（B2）→航空機作業甲板（L2）の順番で接着しますが、塗装の工程上、先に航空機作業甲板を船体に固定しています。航空機作業甲板を先に固定してしまうと上甲板を固定しにくくなりますが、写真のように三番砲塔の穴にピンセットを差し込み少し航空機作業甲板側を持ち上げるようにすると上甲板を後ハメできます。

◀同様にほかのシャフトもシルバーになりました。まるで金属のような輝きです。塗装では難しい銀色もこのような素材を使うことで簡単に再現することができます。

◀これで船体パーツに甲板パーツを組み込むことができました。艦NEXTシリーズは基本的に色の異なる部分は別パーツ化されているため、面倒なマスキング作業も最小限にとどめることができます。

◀金色で塗ったスクリュー本体も取り付けましょう。スクリューはそのままでは取れやすいので接着しておきましょう。

◀船底部分を塗り分けていきましょう。まずはスクリューシャフトの塗り分けです。ここは実艦では船底色（あずき色）で塗られています。つまりキットの成型色のままで正しいのですが、模型的な見栄えを考えあえてシャフトを銀色に変えてみます。まずはシャフトの長さをディバイダーで計測します。

大和型戦艦人物伝⑲
シブヤン海で猪口艦長とともに戦った武蔵副長
加藤憲吉

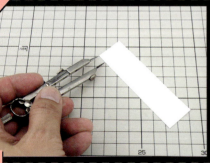

◀銀色部分はハセガワから発売されている「ミラーフィニッシュ」を使用します。これは極薄ののり付きシートで伸縮性があり曲面にもフィットします。ディバイダーで計測した長さに従って「ミラーフィニッシュ」を切り出します。

最後の「武蔵」副長となった加藤憲吉大佐は戦後手記で自らを語ることが少なく、「多少融通性がない」「軍人としてはまことに純粋」「ハート・ナイス」などと伝えられている。人によっては厳格すぎると感じたのか、誹謗に近いレベルで評した記述もある。

加藤が残した手記に多くみられるのは、不沈と称すべき「武蔵」と注排水装置への信頼である。これは、大艦の応急指揮を預かる副長として当然であろう。甲板にカッターを据え、加藤や猪口艦長、広瀬高射長らは対空射撃や雷爆撃の回避訓練を行なったというから、猪口も多少は回避運動を意識していたことがわかる。

注目すべきは猪口艦長との最後のやりとりで、もっとも詳しく記されているものを引用すると

「艦長！」／と、私は小声で迫った。／「私もお供します」／「いや！」／艦長の声は断呼たるものだった。／「これは、私の形見だ」／そういって差し出す艦長の手には、愛用のシャープ・ペンシルがあった。

となる。このあと遺書がしたためられた手帳を持って生還した加藤ら「武蔵」生存者は、多くが比島の戦いで戦死する。先に帰国した加藤を恨む声もあり、これが先述の誹謗にもつながった可能性は無視できない。

（文／松田孝宏）

◀裏面のシートをはがして慎重にシャフトに巻きつけます。「ミラーフィニッシュ」は密着させる前ならば貼り直しも可能ですので位置がずれていたら、調整してください。

ウェザリングの手順とは……？

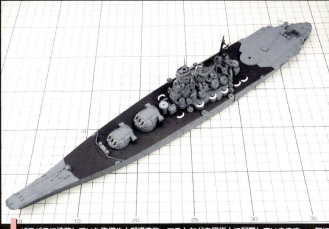

バラバラに塗装していた砲塔や上部構造物、マストなどを甲板上に配置していきます。一気に軍艦らしくなってきましたね。ただこのままではやや単調に見えます。そこでここにウェザリング（汚し塗装）を施していきます。ここではまだ高角砲や機銃はつけません。これらを接着してしまうと奥まった部分の塗装ができなくなるからです。

◀ウェザリングにはタミヤの「スミ入れ塗料（ブラック）」と「スミ入れ塗料（ダークブラウン）」を使用します。これはタミヤのエナメル塗料をスミ入れに最適な濃度の溶剤で希釈したもの。今回はこの2種類の塗料を混ぜたものを使用します。接着剤を使用しないスナップフィットキットはパーツがはずれないようにテンションがかかっています。スミ入れするとこの部分から割れてくる可能性がありますので注意が必要です。

◀まずは艦首の錨鎖甲板に「スミ入れ塗料」（ブラックとダークブラウンを混色したもの）を使ってみましょう。全体に筆で塗ります。

◀塗料が乾く前に綿棒で凸部分の塗料を拭き取ります。凹部分に黒い塗料が残り、面に立体感が出ました。拭き取りにくい場合は綿棒にエナメル塗料用の溶剤を含ませてください。

◀船体側面も汚していきます。「スミ入れ塗料」を船体にのせて平筆に溶剤を含ませて上下に拭き取っていきます。あまり汚しすぎるとくどくなるので塗料はわずかに残る程度にとどめておきましょう。

◀後部の航空機作業甲板も同様にウェザリングを施します。「スミ入れ塗料」を筆で塗り、そのあとで綿棒などで凸部分の塗料を拭き取っていきます。あまり汚しすぎると汚くなってしまうので「スミ入れ塗料」は凹部分にわずかに残るぐらいにしましょう。

◀上部構造物もウェザリングを施しますが、ここは高角砲やエッチングパーツが入り組んでいて基本的に拭き取ることはできません。そのため溶剤で薄めた「スミ入れ塗料」を影になる部分を中心にそっと置くように塗ります。

◀艦橋も同じく塗料を拭き取らないことを前提に「スミ入れ塗料」でウェザリングします。張り出しの下などパーツの影になっている部分を重点的に塗装しましょう。

◀上甲板なども同様にウェザリングを施します。艦船模型は1/700スケールです。模型上の1.4㎜が実艦の約1mということになりますので、汚し過ぎは禁物です。注意しましょう。

◀ウェザリングが終わったら機銃などのパーツを取り付けていきます。写真は航空機作業甲板の脇に設置された25㎜三連装機銃です。すでに説明したとおりこのキットは塗装不要、接着剤不要を前提に設計されています。そのためパーツの接合部は脱落しないように少しきつめになっています。パーツを無理に押し込むと塗装によりもろくなった部分が破損してしまうおそれがありますのでダボ穴を広げるなどの工夫が必要です。

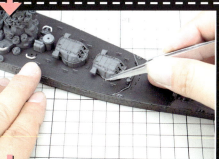

◀同じく前部主砲塔脇に設置された25㎜単装機銃も設置します。この25㎜単装機銃はボーナスパーツに含まれているもので最初に甲板裏側から穴を開けておいて、その穴に接着することになります。

最終組立工程

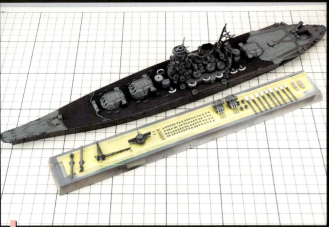

▲ウェザリングも終わり製作はいよいよ最終工程に入っていきます。残るはカタパルト、クレーン、測距儀、副砲塔、主砲身などの取り付けのみです。

◀いよいよ最終工程かと思いきや……後部副砲塔がうまくはまりません。後端が後部艦橋の手すり（A36）に干渉して後ろの部分にすき間が空いてしまいます。

◀無理に副砲塔を押し込んでしまうとせっかくきれいに製作したエッチングパーツが歪んでしまいます。後部艦橋の手すり部分は完成後はほとんど見えなくなるので金属線用ニッパーで干渉する部分（赤い矢印部分）を切って調整します。

◀手すりを調整した結果、副砲は無事収まりました。

◀砲身根本の防水布（白い部分）はややきつめです。もともと接着剤不要で製作するためピッタリの設計となっていますが塗料の塗膜の厚みなどでさらにきつくなっています。こういう場合は無理やり砲身を押し込んだりせず根本の部分を軽くデザインナイフでカンナがけします。

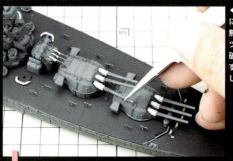

◀砲身の根元を調整すれば砲塔に楽に装着することができます。無理に押し込んだりするとパーツを弾いたりして思わぬ場所を破損したりする可能性があります。無理せず調整してから搭載しましょう。

◀後部の航空機作業甲板の通行帯は付属のシールを使用します。ちなみに通行帯は大和と武蔵は形状が異なります。大和は逆ハの字状になっていますが、武蔵はほぼ並行に近い形で通行帯が設置されていました。

◀通行帯部分にシールを軽く置き、航空機運搬軌条と重なる部分をデザインナイフで切り離します。

◀通行帯シールをキットのモールドにあわせたら上から綿棒で密着させていきます。キット付属のシールは伸縮性のある素材なので丁寧に押し付ければキットのモールドにピッタリフィットします。

◀ボート（K13）は組立説明書では最初の段階で搭載するよう指示されていますが先に載せると塗装しづらいのでこの段階まで接着しません。ボートの内部をGSIクレオスの44番タンで塗装したあとレールの上に設置します。すでに上の航空機作業甲板を接着しているためボート側のピンは切り離しておいて接着剤で固定します。

◀航空作業甲板の機銃やボートを接着したらいよいよ後部のカタパルトやクレーン、支柱を接着します。破損防止のためにこれらの繊細なエッチングパーツの接着はなるべく最後にしたほうがいいでしょう。

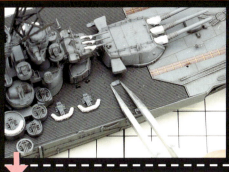

◀上甲板の水密扉のエッチングパーツ（A115）などを接着していきます。

▲フルハルモデルで完成させる場合はこの段階で船底パーツを接着したほうがよいでしょう。手すりや張り線を貼ったあとから船底をつけるのは不可能ではありませんが、破損する恐れが高くなるため推奨しません。

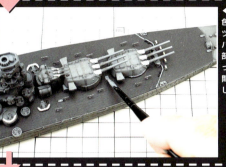

◀艦NEXTシリーズのキットは色の異なる部分の大半は別パーツとなっていますが、ごく一部パーツ構成上一体となっている部分もあります。写真で筆で塗っている1番砲塔と2番砲塔の間の四角の部分は軍艦色で塗装しましょう。

◀測距儀を搭載するとほとんど見えなくなる部分ですが……艦橋頂部の防空指揮所の床はリノリウムです。細筆で丁寧に塗り分けましょう。

◀残ったエッチングパーツを接着していきます。まずは艦尾甲板から格納庫に通じるラッタル（A111）です。ピンセットの先を使ってラッタルを折り曲げます。

◀艦橋頂部に15m測距儀を設置します。電探や手すりなどのエッチングパーツを設置した測距儀です。慎重に設置しましょう。測距儀中央部の出っ張り（方位盤上部潜望鏡）をピンセットでつまみダボ穴にそっと入れます。もしきついようだったら無理に押し込もうとせずダボ穴のほうをデザインナイフで広げましょう。

大和型戦艦人物伝⑳
巨艦、武蔵を操った航海長
池田貞枝

　元「武蔵」航海長、池田貞枝中佐は難しい巨艦の操艦を世に伝え、『太平洋戦争沈没艦船遺体調査大鑑』を編んだ人物である。1902年北海道に生まれ、海兵を51期で卒業。スラバヤ沖海戦では「羽黒」航海長として、絶えず水柱に包まれる艦を操った。

　巨艦「武蔵」ではおのずと操艦も違ったものとなり、舵が利くのは転舵してから1分40秒も要した。しかも全速力時、爆弾を回避するため艦を90度回頭すると16ノットに、360度では8ノットに減速する。しかも回頭を始めるのが既述のように遅いため、4000mあたりで投下された爆弾は避けられない。さらに魚雷回避運動を2、3回行なうと艦はほとんど停止状態となってしまうという。このため後任の

仮屋実航海長には、「とくと爆撃回避運動の不要論を説いたものである」とのことで、猪口艦長が回避より射撃を重視したのは、この点も関係しているかもしれない。なお仮屋は爆弾が命中した艦橋で戦死した。

　戦後の池田は財団法人大日本英霊奉賛会の常任理事を務め、本人が逝去したあとの1977年に戦闘艦688隻、輸送艦2596隻の沈没に関する情報を網羅した大著が刊行された。存命中の池田が語ったとおり、「一生の事業」であった。

（文／松田孝宏）

▲ボーナスパーツの25mm機銃用弾薬箱（G1）を設置します。弾薬箱の設置場所の詳細は不明ですが、水密構造で40kg以上ありました。そのため機銃に近い場所に置かれていたと考えられます。

◀ラッタルなどのパーツの折り曲げはきちんと90度にすることが重要です。このような小さなパーツはピンセットでもかまいませんがもう少し大きなパーツはエッチングベンダーなどの専用折り曲げ工具を使ったほうがよいでしょう。

◀エッチングパーツシートから切り離したゲート跡は塗料が塗られておらず真ちゅう製の地の色が出てしまっています。このような部分は筆でリタッチします。

◀艦尾甲板から格納庫へ降りていくラッタルを取り付けます。艦尾のクレーンに注意して接着しましょう。

◀艦首の菊花紋章はキットのものを金色に塗るだけでも問題ありませんが、せっかくエッチングパーツが用意されているのでここもディールアップしましょう。キットにはプラスチックパーツの菊花紋章（C18）を装着するために大きなダボ穴があります。それを塞ぐためにいったんパーツを接着して菊花紋章部分のみデザインナイフで切り落とします。

◀手すりを接着していきます。すでに説明したとおり手すりはエッチングパーツのシートから切り離さずに塗装をすませておきます。切り口など金属の地の色が見えている部分はあとで筆でリタッチします。
武蔵の場合、手すりはまず舷側に張り出した増設機銃の間の部分（A04）から貼り始めます。

◀次に船体中央部から後部にかかる部分の手すり（A14）を接着します。ここは手すりが長く、また途中で折り曲げ加工する必要があります。まずは船体中央部側から接着し、接着剤が完全に固まるまで待きます。途中に1カ所手すりが切り欠いた部分がありますがここは船体のフェアリーダーを避けるための場所です。

▲エッチングパーツの菊花紋章（B06）を瞬間接着剤で接着します。実艦では菊花紋章は木製で金色に塗装されていました。今回はエッチングパーツの地色を活かして塗装せずに設置しました。

◀手すりのすき間に混合瞬着（流し込み系接着剤とゼリー状接着剤を混ぜたもの。詳しくは26ページ参照）を点付けしてがっちり固定した後、船体後方の航空機作業甲板の段差にそって折り曲げます。折り曲げる場所は後ろから数えて13番目の縦棒です。この部分だけ手すりの間隔が異なるので目印にしてください。

◀艦尾の旗竿を真ちゅう線に交換します。今回は張り線をするための強度を考えて0.5㎜の真ちゅう線を使用しました。

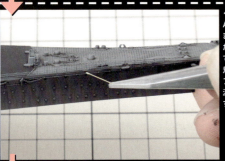
◀艦首側のA19（右舷）とA21（左舷）も同様に接着します。ゼリー状瞬間接着剤で数か所、仮固定したあと混合瞬着でがっちり固定します。混合瞬着とはのばしランナーで作ったプラ棒でゼリー状瞬間接着剤→流し込み系瞬間接着剤の順番ですくい取る方法です。

◀真ちゅう線を軍艦色で塗装します。金属部分を塗装する際にはメタルプライマーなどで塗料の食いつきをよくする必要がありますがこのような旗竿など「完成後触る機会のない部分」に関してはメタルプライマーによる下地づくりは省略してもほとんど問題ありません。

大和型戦艦対アメリカ新鋭戦艦

文／松田孝宏

　米艦隊との艦隊決戦において、切り札となるはずであった大和型戦艦。その機会が訪れることはついになかったが、実際に戦ったらどんな結果となっていたであろうか。長らく論議されているテーマだが、基礎設計から大和型戦艦に関わった松本喜太郎技術中将によれば、米戦艦がパナマ運河通過を前提の40cm主砲を搭載の場合、攻防ともに大和型が勝ると主張する。特に防御は米戦艦も46cm砲を搭載することを考慮したもので、部位によってはいささか過剰となり重量や速力、無防御部分に影響することになった。

　では、実際に大和型と米戦艦を比べるとどのような数値となるだろうか。まず、大和型と同世代となるサウスダコタ級戦艦について（しばしばアイオワ級と比べられるが、もし1941年12月8日に真珠湾攻撃ではなく漸減邀撃作戦で太平洋戦争が始まった場合、激突すると考えられるのがサウスダコタ級なのだ）。

　まず単純に数値を比較すると、砲塔正面、甲板部、舷側主甲帯、司令塔などほぼすべての主要部で大和型が優る。逆に大和型の副砲部はサウスダコタ級の半分以下の装甲厚しかないため、弱点のひとつとされているがこれは89ページを参照されたい。

　戦闘については2〜3万mの戦闘距離を前提としていた大和型に対し、サウスダコタ級の垂直貫通力は2万7400mで324mm、1万8300mで448mmと容易には大和型を撃ち抜けない。逆に大和型は3万mで417mm、2万mで566mmの垂直貫通力を有していた。砲そのものも、大和型の砲弾重量、初速、炸薬重量などはサウスダコタ級を優越している。

　逆にサウスダコタ級が優るのは、大和型の発射速度が1分間で1.5発に対し、同級は1分間で2発であることになる。つまり手数が多くなり、これにレーダー射撃が加わるとサウスダコタ級の勝ち目がみえるかもしれないが、被弾しないで2万m程度は近づくのが前提となる。やはり同時代の戦艦同士では、大和型の勝ちだろう。

　次に、アイオワ級について。米軍最強とされるこのクラスは、大和型より2年遅れての就役であり比較対象とすべきかは疑問だ。しかし歴史学者の平間洋一氏が米国の友人に「なぜ、大和とワシントンを比較しないのか」と訊ねたところ「戦艦という艦種で世界一を比較するのだから、アイオワと比較するのが当たり前ではないか」との返事だったという。

　そのような訳で比較してみると、先述したサウスダコタ級の劣る点がほとんどアイオワ級にあてはまる。わかりやすく垂直貫通力を比べても2万7400mで329mm、1万8300mで509mmと、3万m段階ではサウスダコタ級とアイオワ級は大差がない。

　逆にアイオワ級は33ノットの高速で主導権を握ること、2年遅れゆえの優れたレーダーや射撃指揮装置などで大和型に勝利できるという意見も多い。

　その他、大和型とサウスダコタ級およびアイオワ級の違いとしてダメコン能力や砲弾の特性なども考慮すべきだが、結論づけるならば「よほどのことがない限り大和型が優勢」となる。「よほどのこと」とは一例として、シブヤン海の「武蔵」のように呑気なく射撃方位盤が使用不能となったり、理由はどうあれ遠距離で食らった40cm砲弾で予想外の深手を負う（艦首が損傷して急速に浸水するにど）などが考えられるが、これは「やってみなければ」わからない。

　むしろ、今まで述べたようなクラスごとの比較はあまり意味がない。対戦格闘ゲームのように1対1または戦隊クラスとなる小規模の水上部隊士の戦いはどちらも考慮していないのだ。「霧島」対「ワシントン」は例外であるし、「山城」「扶桑」対オルデンドルフ艦隊は最初から勝敗がみえている。

　すなわち、米海軍が考えていた対日進攻作戦オレンジプランと、日本海軍が考えていた漸減邀撃作戦について考える必要がある。漸減邀撃作戦とはハワイから出撃して迫り来る米艦隊を、数で劣る日本海軍は潜水艦、陸上攻撃機、水雷戦隊の夜襲などで攻撃。しだいに数を減らす（＝漸減）米艦隊の主力艦に対し日本側の主力艦が同等か、多くなった時点で艦隊決戦を行なう。

　しかしながら、米軍も黙ってやられてくれるわけではなく、日本側の潜水艦が捕捉に失敗、陸攻が戦闘機や対空砲火に落とされる、夜襲が不首尾に終わればどんな状態での戦いとなるか？　日米どちらにも有利・不利となる想像ができるが、大和型の場合は遠距離から一方的に米戦艦を痛撃することが理想であろう。逆に攻撃が集中する可能性も充分に考えられるのだ。

　このようなことから、いくつもの結果が想定できるが、やはり結論は「やってみないとわからない」。これに尽きるのではないだろうか。戦史には、「一挙に3隻の空母が被弾」したミッドウェー海戦のように、結果だけ聞くと実戦とは思えない例もあるのだから。

▲軍縮条約破棄後に建造された大和型戦艦と同世代のアメリカ戦艦といえるのはサウスダコタ級。40.6cm（16インチ）三連装砲塔3基を搭載し、40.6cm砲弾に耐えうる防御力を備えていた。第三次ソロモン海戦では戦艦霧島を僚艦ワシントンとともに葬ったが、大和型戦艦と交戦した場合は砲力、防御力とも劣り苦戦しただろう　　　　(Photo/U.S.NAVY)

▶サウスダコタ級戦艦に続いて建造されたのはアイオワ級戦艦（写真は3番艦ミズーリ）。長砲身の40.6cm砲を備えていたがパナマ運河を通過するために船体幅の制限があり、防御力はサウスダコタ級に準じたものとなった。ただし大和型戦艦よりも高速で、レーダーなどの射撃指揮装置なども優れていた
(Photo/U.S.NAVY)

貼り線工作編

ここからは艦船模型の仕上げともいうべき張り線の工作を紹介します。上級者向けのテクニックとして紹介されることの多い技法ですがやり方さえわかればそれほど難易度が高いものでありません。ぜひ試してみてください。

▶艦橋から縦に張り線

張り線とは艦船模型でマストなどの上部構造物に張り巡らされている細い線のことを指します。船体の艦首から艦尾に続く長いものは基本的に通信用のアンテナ（空中線）です。艦橋のヤード（桁）から下に降りる線は信号旗用のもの（揚旗索）となります。ここからは艦船模型の上級テクニック、張り線の貼り方について解説します。ビギナーの方からの質問がもっとも多いのが張り線です。エッチングパーツと違ってキット専用のアフターパーツなどが売り出されてはいませんので「どう張ったらいいのかわからない」というのが難しく感じる要因のひとつのようです。しかしその効果は絶大。一気に模型の精密感がアップします。ここでは比較的難易度の低い張り線の張り方について解説していきましょう。

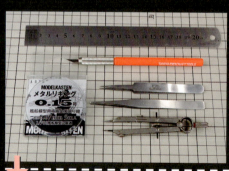

◀張り線に使用する工具です。上から金属製の定規（今回は20cmのものを使用。あまり長すぎるものは使いにくいのでこのくらいの長さのものを推奨します）、デザインナイフ、ピンセット（自分の使いやすいものを数種類）、そしてモデルカステンのメタルリギング0.1号（税別1800円）です。これ以外に切断用の金属線用ニッパーも必要となります。

◀まずは艦橋のヤード（桁）から下に伸びる張り線（揚旗索）に挑戦してみましょう。これは信号旗などを上下させるために使用されるものです。長さを計測するためにディバイダーを使用します。ディバイダーはこのようなパーツが入り組んだ場所の長さを計測するのに便利です。

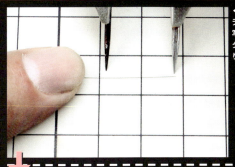

◀メタルリギングを少し出してディバイダーで長さを決めます。写真のようにマス目付きのカッターマットがあれば長さもわかりやすいですね。

◀左右の揚旗索は写真のようになります。エッチングパーツに付属する滑車にあわせて、左右とも7本ずつ、合計14本設置すればいいでしょう。

◀計測した長さよりも心持ち長めに切り出します。デザインナイフで押し付けるように切ります。ナイロン素材のものと異なりメタルリギングは金属製なので飛ばして無くさないように注意してください。デザインナイフの刃はよく切れるものに交換しておきましょう。

▶ 艦橋から後部への横の張り線

▲次に艦橋からマストにつながる張り線（空中線）を張ることにしましょう。

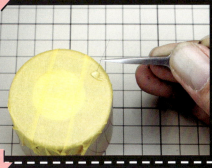

◀切り出したメタルリギングをピンセットでつまんでゼリー状瞬間接着剤をつけます。瞬間接着剤は写真のように缶スプレーの蓋にマスキングテープを貼ったものなどの上に出しておくと便利です。

◀張り線を艦橋のヤード（桁）に接着します。張り線は基本的に上から接着することになります。艦NEXTシリーズの武蔵のヤードのエッチングパーツには信号がぶら下がる滑車が付属していますのでそれを目印に位置決めすればいいでしょう。

◀張り線の長さはディバイダーで測ります。ディバイダーはこのような突起物の多い場所の長さを「写し取る」際に便利です。

◀この部分の張り線は艦橋中段の張り出しの部分に固定されます（ピンセットの先端がある部分）。ここは信号所で信号旗をしまうケースなども設置されていました。下側もゼリー状瞬間接着剤で点付けします。

◀切り出したメタルリギングをマストから艦橋のヤード（桁）へと接着します。この場合も順番は基本は高い方から低い方へと取り付けます。マストのほうが高い位置なのでマストの部分もまず接着しその後艦橋へとつなぎます。メタルリギングは少し長めに切り出して接着後、余った部分を金属用ニッパーで調整します。

◀艦橋上部のヤード（桁）から下にこのような感じで垂れ下がります。写真のように内側のものから外側に向かって張っていくと作業しやすいです。

◀今回は艦橋のヤード（桁）からメインマストまで3本の空中線を貼ることにしました。実際の空中線は数が多く複雑ですがすべてを再現する必要はありません。適度に間引きながら製作しましょう。

艦橋から後部への張り線

▲大和型戦艦の中でもっとも長い艦首旗竿から艦橋までとメインマストから艦尾支柱までの空中線を張ります。コツはあまり張り線にテンションをかけずそっと点付けすること。テンションをかけると支柱が曲がってしまいます。

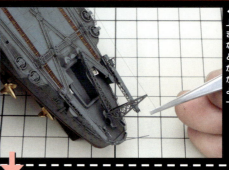

◀マストから艦尾のクレーンの上に立つ空中線支柱に取り付けます。あまりピンと張るのではなく少し垂れ下がるようにするといいでしょう。テンションをかけると細い金属製パーツなどが曲がってしまいます。写真のように艦尾の支柱の頂部にゼリー状瞬間接着剤で接着します。

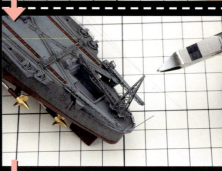

◀接着剤が固まったら余った張り線部分を金属線用ニッパーで切り落として調整します。

◀このような長い張り線の長さを計測するには定規を使うほうがいいでしょう。メタルリギングは垂れ下がる部分も考慮して少し長めに切り出します。

◀艦橋とマストの間の空中線から垂れ下がるように垂直方向の空中線が設置されています。これも再現してみましょう。ここではこれまでの張り線の工作とは逆に下側から先に固定します。下側は探照灯台の張り出しに接着します。

◀上部は張り線同士を重ねて瞬間接着剤で固定します。

◀瞬間接着剤が硬化したら金属線用ニッパーであまった部分をカットします。

◀すべての空中線を設置するのではなくある程度間引いて再現します。左右の空中線に4本ずつ合計8本取り付けました。同様に副砲塔上の空中線も再現します。

大和型戦艦人物伝㉑
最後の第二艦隊司令長官として天一号作戦を指揮する
伊藤整一

栗田より最後の第2艦隊司令長官職を引き継いだ伊藤整一は、1890年、福岡県に生まれた。海兵39期を卒業、水雷を専攻した。海軍大学を2番で卒業したエリートで、アメリカ駐在や人事局などの出世街道を歩き水雷屋ながら駆逐艦長職を経験していない。開戦時は軍令部次長にあり、戦中も長く同職を務めた。最初にして最後の実戦任務が、1944年12月の第2艦隊司令長官親補であった。

しかし戦局は挽回不能となっており、第2水雷戦隊の古村司令官から「第2艦隊は解散して、乗員・機銃・弾薬などを揚陸して、本土決戦に備えるべし」との進言に、伊藤や森下参謀長も同意するところとなっていた。

この策は沖縄出撃によって実施されることはなく、無謀な命令に伊藤ら幹部は強く反対したものの、「一億総特攻のさきがけに」という言葉に「我々は死に場所を与えられた」として死出の旅に就いた。出撃に際して乗艦間もない少尉候補生を退艦させたことは、現在も高く評価されている。「大和」が沈没に瀕した時も作戦続行を望む声を退け、中止を命じて自分は艦とともに沈んだ。愛妻家としても知られており、「いとしき最愛の」妻ちとせに宛てた遺書には落涙を禁じ得ない。戦死後、大将に昇進した。

（文／松田孝宏）

◀最後に空中線が交差する部分に設置されていた碍子を再現してみましょう。これは電線などが交差する部分に設置されるセラミック製の絶縁具です。まず交差する部分にゼリー状接着剤を点付けします。少し多めに盛るようにつけるのですが一度にたくさん接着剤をつけてしまうと形がいびつになってしまいます。少しずつ足していきましょう。

◀接着剤が完全に硬化したらつや消しホワイトで塗装します。暗い色が多い軍艦の中で白い碍子はワンポイント目立つ存在で精密感が増します。

大和型戦艦の弱点

文／松田孝宏

　攻撃力では世界一の大和型戦艦にも、弱点、すなわち沈没した理由があった。早々に結論を述べるが、「想定以上の攻撃を受けて浸水、浮力を失ったこと」が「大和」「武蔵」の沈没原因で、弱点とされる部分も含め延々と攻撃を受けたからに他ならない。

　そもそも大和型の弱点は、
・建造当初より指摘のあった脆弱な副砲防御
・同様に危惧された防御区画以外の無防御部分
・27ノットの中速
・装甲をつなぐリベットの脆弱性
などが挙げられている。

　副砲部についてはまったくそのとおりで、駆逐艦程度の砲弾でも貫通され、弾薬庫に火が回るとされていた。これは連合艦隊司令部が移乗した直後に指摘され、大問題にもなった。しかし改修には副砲を陸揚げしなければならず、このため亀ヶ首試射実験場での実験から800kg爆弾が命中しても支障がないよう28mm程度の銅板を貼り、防炎装置を強化した。工廠関係者は実験データとともに山本長官に説明したが、なかなか了承しなかったという。この問題は根本的に解決できなかったようで、沖縄へ向かった「大和」の後部副砲は戦闘開始早々に被弾して火災を生じ、沈むまで消えなかった。砲撃戦で狙って当たることは難しいと思えるが、思わぬ損害をもたらす可能性は否定できない。

　また、中速については「30ノットを発揮の高速空母に帯同できない」という理由とされるが、空母が制空権を握った戦場で戦うための大和型であり、いいがかりに等しい。28ノットの戦艦を高速空母の護衛につけるという発想が日本海軍になかっただけで、大和型に非はない。ただ、計画の一時期にあった31ノットの高速が実現していれば、ガ島の飛行場を焼き尽くし、「ワシントン」「サウスダコタ」を海底に送り込んだのは大和型となった可能性は高い。

　むしろ問題視すべきは、83ページで紹介した池田「武蔵」航海長が指摘した運動性能の悪さではないだろうか。爆撃を回避しないよう後任に申し送るなど前代未聞である。

　残る2点だが、最近放映された「武蔵」に関するテレビ番組では甲鈑をつなぐリベットが脆く、ここに被雷した際に装甲板が「マクレ」を生じ、そこから海水が侵入して沈没に至ったとの見解に基づいている。ちなみに「武蔵」副長だった加藤憲吉大佐の手記には、爆弾ながら「その一発が左舷の15番ビーム付近に命中したため、左艦首に"まくれ"の状態が生じた」という記述が認められる。「大和」が米潜水艦の攻撃を受けた際も、魚雷1本の被雷による爆圧でリベットが破損、約3000トンもの浸水を生じた。

　大和型の舷側は多数の装甲鈑を継ぎ合わせた構造で、無数にある継ぎ目の接合部は強度が落ちるのはやむを得なしとされていた。ただし甲鈑を支持する構造材は射撃実験に則り強化されていたものの、予想を上回る浸水を招いてしまったのであった。しかしながら衝撃に気づく者は少なく、2000トンクラスの大型駆逐艦よりも多大な海水を飲み込んでも悠然と航行する「大和」に、乗員たちは信頼を新たにした。

　こうした事態を打開すべく、大和型には多数の注排水装置が備えられていた。これは応急指揮官となる副長をことのほか満足させ、並みの戦艦なら何度も沈没するはずの損害を受けた「武蔵」も、被雷のたびに注排水装置で傾斜を復旧したのである。

　では結局のところ、なぜ大和型戦艦は沈んだのか？　それは「大和」「武蔵」に共通しているが、「想定以上の攻撃を受け、浮力を失った」ためだ。もともと大和型戦艦は1本の魚雷を受けてもそのまま戦い続け、2本目が同一舷に命中しても傾斜を復旧して戦列に復帰できるよう想定されていた。単純な比較は禁物だが、ドレッドノート級戦艦をしのぐ超弩級戦艦として建造された「扶桑」は、1発の被雷で火薬庫に引火、船体が分断された。米戦艦でも「ノースカロライナ」（サウスダコタ級の前クラス）は「伊19」の魚雷1本を受け、2カ月近い修理期間を要した。

　これらの例をみても、「大和」も「武蔵」も想定以上の防御力を発揮したと言える。そして沈没原因は、それぞれ想定すらされなかった量の魚雷と爆弾が命中、浸水は無防御区画に対してはもちろん注水できる箇所がないほどの量に及んだ。「大和」より多く被弾した「武蔵」では、命中魚雷による損傷部分にさらに被雷、被害が拡大した例もあった。

　牧野茂技術大佐は、大和型は主要部以外、すなわち艦の前後の隔壁が薄いものになったと懸念していたが、「武蔵」沈没の原因を「前部水面下に複数の魚雷が命中、亀裂の入った周囲の隔壁から4時間あまりに浸水が進んで沈没した」とみている。

　当たり前のことだが、攻撃を受け続ければいかなる堅牢な艦も傷つき、やがては沈む。「大和」「武蔵」の最期はそれを証明する一方で、きわめて沈みにくい艦であることをその身で体現していたのだ。

▲戦艦対戦艦の戦いでは充分な防御力を持っていた大和型戦艦だったが想定していた以上の航空攻撃を受けてあえなく沈没した。大和設計時には片舷に魚雷が多数命中することなどは検討すらされていなかったのだ。　　　　　　　　　　（Photo/U.S.NAVY）

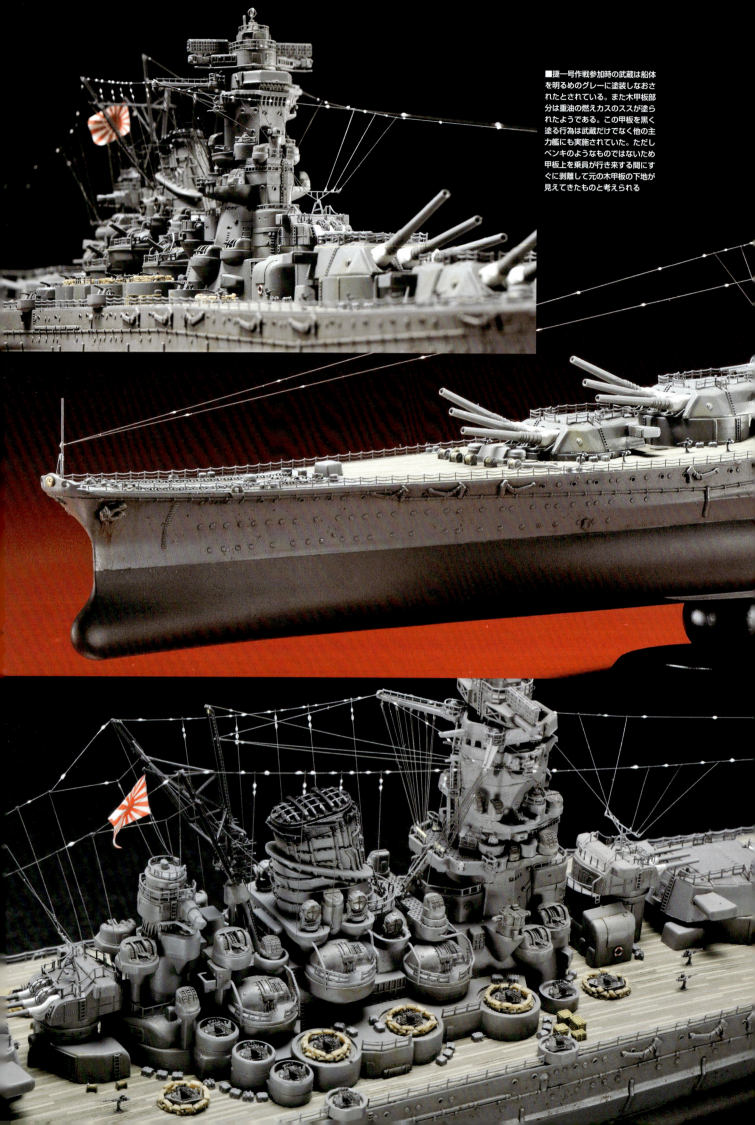

■捷一号作戦参加時の武蔵は船体を明るめのグレーに塗装しなおされたとされている。また木甲板部分は重油の燃えカスのススが塗られたようである。この甲板を黒く塗る行為は武蔵だけでなく他の主力艦にも実施されていた。ただしペンキのようなものではないため甲板上を乗員が行き来する間にすぐに剥離して元の木甲板の下地が見えてきたものと考えられる

ここでは「艦NEXTシリーズ」のキットに手を加えてディテールアップした武蔵をお目にかけよう。「塗装不要」「接着剤不要のスナップフィット」のフォーマットで設計された艦NEXTシリーズだが、ディテールアップパーツを駆使して仕上げればここまで作り込むことも可能だ。これを見れば「艦NEXTシリーズ」が初心者向けに妥協したキットではないということがわかっていただけるだろう。新しい大和型戦艦のスタンダードをご堪能ください

日本海軍超弩級戦艦 武蔵
フジミ 1/700
インジェクションプラスチックキット
製作／Takumi明春

日本海軍超弩級戦艦 武蔵

■ここでの作例は「艦NEXTシリーズ」の武蔵が発売される前だったため大和をベースに製作されている。対空装備などをプラスすることは難しくはないが、キットに配置されているダボ穴を埋める作業は少々手間がかかる。現在ではレイテ沖海戦時の武蔵のキットは発売されているためこのような作業は不要となる

■機銃や探照灯などはファインモールドのナノドレッドシリーズを使用した。接着剤不要のスナップフィットキットの場合、力を入れてパーツを押し込む必要があるため一定以上にパーツを細くすることは不可能だ。キットでも従来のキット並の精密さは確保しているが、さらに細いナノドレッドシリーズのパーツを使えば格段に精密感はアップする

■機銃座周囲の土のうは、ランナーの切れ端を削り、伸ばしランナーを作る要領で細く伸ばしたものをPカッターで切り出して製作

■艦載機については、ウォーターラインシリーズ共通パーツ付属のものを使用だ。エッチングパーツでディテールアップ

IJN BATTLESHIP "MUSASHI"

IJN BATTLE SHIP MUSASHI
FUJIMI 1/700 Injection-plastic kit
Modeled by
TAKUMI Akiharu

武蔵の沈没については長らく不明とされてきた。戦闘詳報に記載された沈没地点、最後まで武蔵につき従った駆逐艦清霜の記録した沈没地点は一致しておらず、その両方で探査が行われたが発見されなかったからだ。そのため「武蔵は若干の浮力を残したまま沈没したため今でも海流に流されて海底を漂っている」という伝説が伝えられることもあった。しかし2015年3月、マイクロソフト社の共同創業者のポール・アレン氏が無人潜水艇により武蔵の沈没地点を特定することに成功し映像に収めた。水中カメラに映し出された船体は1番砲塔直後で分断されており広範囲に散らばっている。おそらく損傷の激しい第2砲塔火薬庫が爆発しそこを基点に船体が折れてしまったのだと思われる。ただし深海1000mで沈没していたため海洋生物の付着などは少なく当時の姿をそのまま現在でも伝えてくれている

純正エッチングパーツ＋プラスチック製艤装パーツの追加でここまでできる!

キットのままでも充分に精密だが、艦NEXTにはさらに他社のアフターパーツを追加してディティールアップすることができる。レーザー彫刻機によりプラスチックパーツとして限界まで細くした機銃はエッチングパーツの使用とあわせて作品の精密感をアップしてくれる

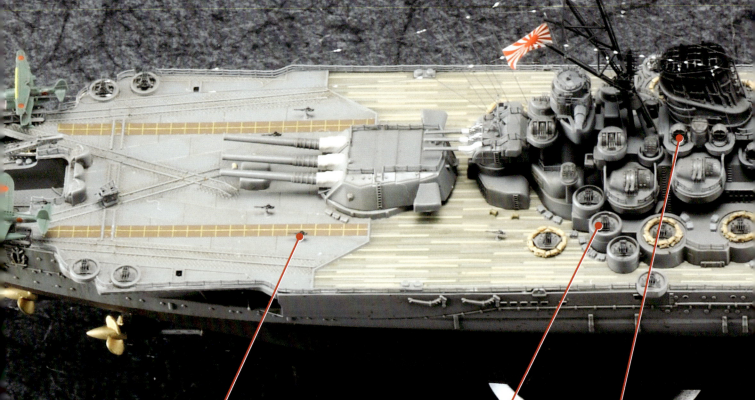

WA21 九六式25㎜単装機銃（リニューアル版）
（税別1300円）／ファインモールド

レイテ沖海戦時の武蔵は航空機作業甲板や主砲塔脇に多数の25㎜単装機銃を配置してた。なお25㎜機銃は2013年11月にリニューアルされこれまで以上に精密なものに進化している

WA25 九六式25㎜三連装機銃（防盾付）（リニューアル版）
（税別1500円）／ファインモールド

WA21の25㎜単装機銃とともに精密感をアップさせてくれるのが25㎜三連装機銃。大和では副砲塔跡に設置した台座に高角砲を搭載したが武蔵では25㎜三連装機銃を搭載していた

WA4 大和・武蔵用探照灯セット
（税別1200円）／ファインモールド

煙突の両脇に設置された150㎝探照灯は大和用に開発されたもの。従来の戦艦は110㎝だったが探照灯も大和では大型の150㎝とされた。ナノドレッドの探照灯はクリアーパーツで成型されているためガラス部分を塗装せずに使用すれば効果的だ

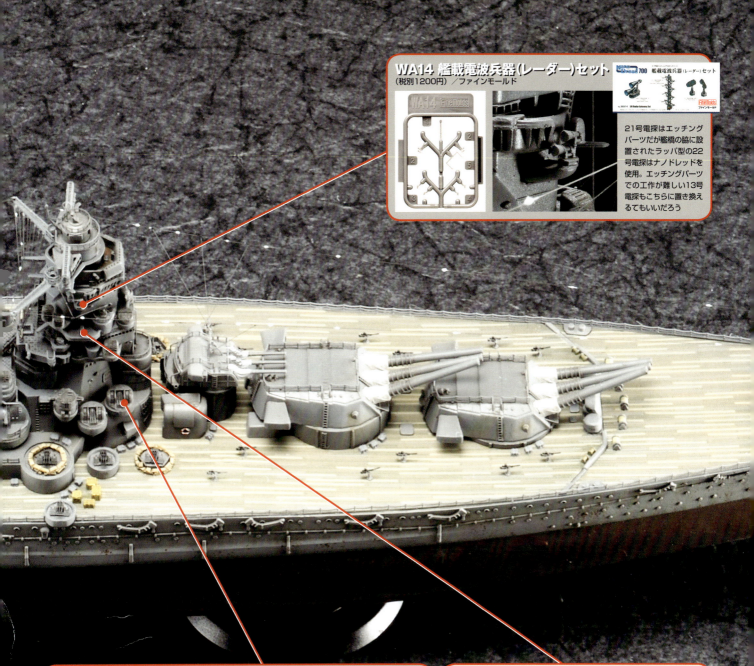

WA14 艦載電波兵器(レーダー)セット
(税別1200円)／ファインモールド

21号電探はエッチングパーツだが艦橋の脇に設置されたラッパ型の22号電探はナノドレッドを使用。エッチングパーツでの工作が難しい13号電探もこちらに置き換えるてもいいだろう

WA3 九六式25㎜三連装機銃（大和・武蔵用シールドタイプ）
(税別1500円)／ファインモールド

大和、武蔵で使用された爆風避けのシールド付き25㎜三連装機銃。シールドの形状には搭載された時期によって3タイプがあったことがわかっているが武蔵に搭載されていたのは新造時の縁が丸いもののみだ

WA15 九三式13㎜機銃セット
(税別1300円)／ファインモールド

艦橋両脇に2基だけ装備された13㎜連装機銃。25㎜機銃をナノドレッドに置き換えるならばこちらも交換したいところだ

張り線にはこれ！ メタルリギング0.1号 約0.06mm (5メートル入)
(税別1800円)／モデルカステン

艦船模型における張り線はかつては上級者向けの工作とされていた。手すりと並んで艦船の精密感をアップさせる定番工作のひとつだったが、のばしランナーや釣り用のテグスを用いた従来の張り線の方法はスケール感や取り扱いの難しさもあって初心者が簡単にチャレンジできるものではなかった。そこで初心者でも簡単に張り線ができるように開発されたものが

「メタルリギング」シリーズだ。0.1号は細さ0.06mmの極細金属線。素材はニッケルチタン合金、色はブロンズ色に染められているため塗装の必要もない。また通常のテグスのような巻きぐせもほとんどないため金属ニッパーで切り離してすぐに使用することが可能だ。なおこのセットは5mあるので大型艦2〜3隻の張り線を賄うことができる。

艦NEXTシリーズを極める
日本海軍戦艦 武蔵 パーフェクト製作ガイド
Imperial Japanese Navy Battle Ship Musashi Perfect building guide book

■ スタッフ STAFF

模型製作 Modeling
Takumi 明春　Akiharu TAKUMI
だごれっど　Dagored
中村勝弘　Ktsuhiro NAKAMURA
長徳佳崇　Yoshitaka CHOUYOKU

文 Text
松田孝宏　Takahiro MATSUDA
宮永忠将　Tadamasa MIYANAGA
岸川靖　Yashushi KISHIKAWA
関口コフ　Kofu SEKIGUCHI
吉野泰貴　Yashutaka YOSHINO
井手浩一　Kouichi IDE
後藤恒弘　Tsunehiro GOTO

編集 Editor
後藤恒弘　Tsunehiro GOTO
関口コフ　Kofu SEKIGUCHI
永田洋子　Yoko NAGATA
桑田聡　Satoshi KUWATA

図版 Illustration
吉野泰貴　Yashutaka YOSHINO

協力 Special Thanks
フジミ模型株式会社
藤井美智子　Michiko FUJII

撮影 Photographer
株式会社インタニヤ ENTANIA

アートデレクション Art Director
横川 隆　Takashi YOKOKAWA

艦NEXTシリーズを極める
日本海軍戦艦 武蔵パーフェクト製作ガイド

Takumi 明春著

発行日　2017年3月28日　初版第1刷

発行人　小川光二
発行所　株式会社 大日本絵画
〒101-0054　東京都千代田区神田錦町1丁目7番地
Tel 03-3294-7861（代表）
URL; http://www.kaiga.co.jp

編集人　市村弘
企画／編集　株式会社アートボックス
〒101-0054　東京都千代田区神田錦町1丁目7番地
錦町一丁目ビル4階
Tel 03-6820-7000（代表）
URL; http://www.modelkasten.com/
印刷　大日本印刷株式会社
製本　株式会社ブロケード

内容に関するお問い合わせ先：03（6820）7000　（株）アートボックス
販売に関するお問い合わせ先：03（3294）7861　（株）大日本絵画

Publisher/Dainippon Kaiga Co., Ltd.
Kanda Nishiki-cho 1-7, Chiyoda-ku, Tokyo 101-0054 Japan
Phone 03-3294-7861
Dainippon Kaiga URL; http://www.kaiga.co.jp
Editor/Artbox Co., Ltd.
Nishiki-cho 1-chome bldg., 4th Floor, Kanda
Nishiki-cho 1-7, Chiyoda-ku, Tokyo 101-0054 Japan
Phone 03-6820-7000
Artbox URL; http://www.modelkasten.com/

©株式会社 大日本絵画
本誌掲載の写真、図版、イラストレーションおよび記事等の無断転載を禁じます。
定価はカバーに表示してあります。
ISBN978-4-499-23202-9